V
156

I0102790

MINISTÈRE DE LA GUERRE

RÈGLEMENT DU 12 JUIN 1875

SUR

LES MANŒUVRES

DE L'INFANTERIE

TITRE TROISIÈME

ÉCOLE DE COMPAGNIE

LYON

LIBRAIRIE MILITAIRE DE L. BONNAIRE

23, RUE GASPARIN, 23

près la place Bellecour

8° V

156

RÈGLEMENT DU 12 JUIN 1875

SUR

LES MANOEUVRES

DE L'INFANTERIE.

Par décision du 12 juin 1875, le présent Règlement est substitué à celui du 16 mars 1869 sur les Manœuvres de l'infanterie.

Il sera mis immédiatement en pratique dans les corps d'infanterie de l'armée.

Imp. BOURGEON, rue Mercière, 92, Lyon.

MINISTÈRE DE LA GUERRE

RÈGLEMENT DU 12 JUIN 1875

SUR

LES MANOEUVRES

DE L'INFANTERIE

TITRE TROISIÈME

ÉCOLE DE COMPAGNIE.

DÉPÔT LEGAL
Rhône
n° 100
1876

LYON

LIBRAIRIE MILITAIRE DE F. BONNAIRE,

23, RUE GASPARIN, 23

Près la place Bellecour.

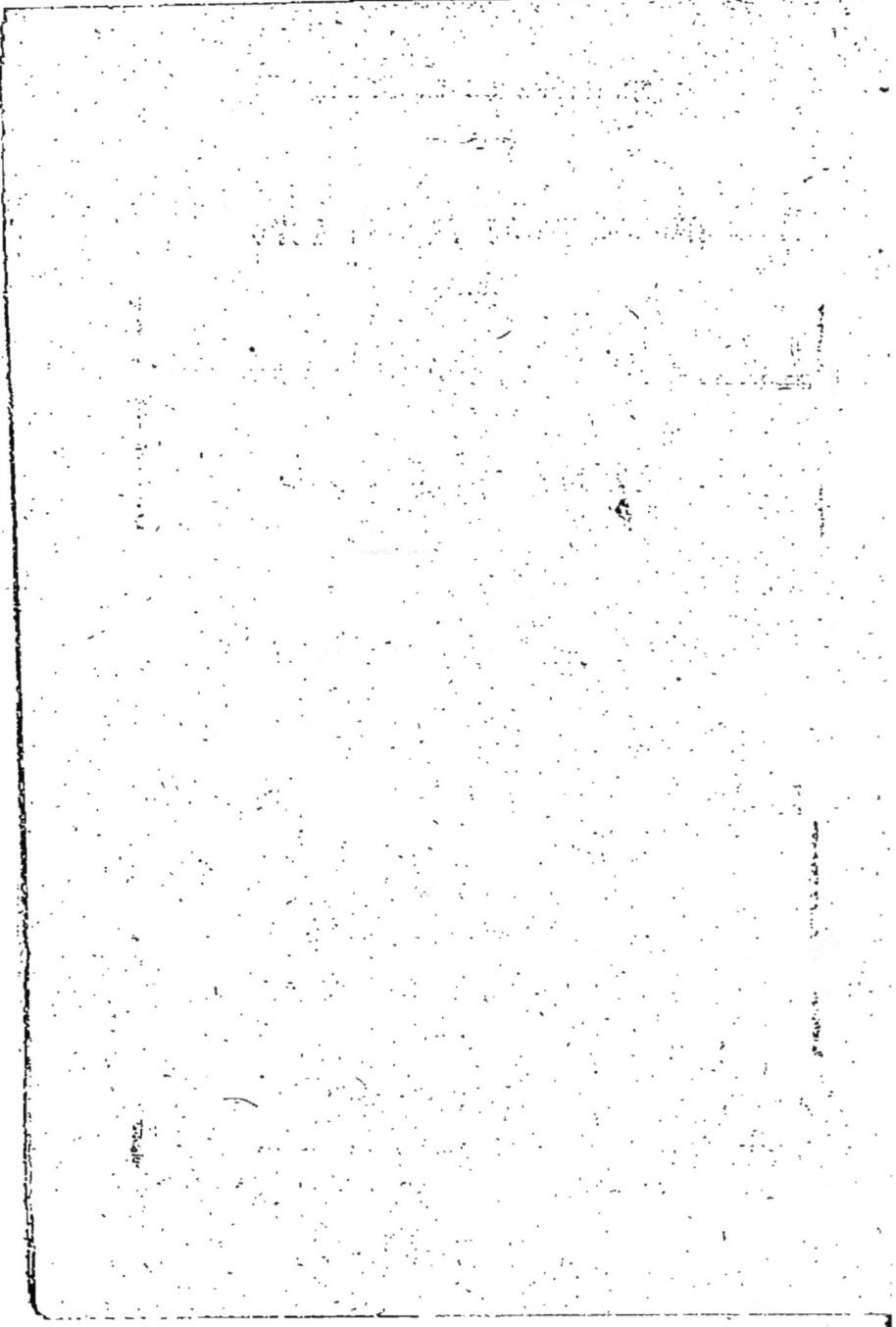

RÈGLEMENT DU 12 JUIN 1875

SUR

LES MANOEUVRES

DE L'INFANTERIE

TITRE TROISIÈME

—

ÉCOLE DE COMPAGNIE

—

Règles générales et divison de l'École de compagnie (nᵒˢ 1 à 12).

PREMIÈRE PARTIE

Règles générales (nᵒˢ 13 à 19).

CHAPITRE PREMIER.

Art. Iᵉʳ. La section étant face en avant, la mettre face en arrière, et réci-

CHAPITRE II.

Art. Ier. Répétition pour la compagnie des mouvements prescrits pour la section dans le chapitre Ier (nos 114 à 144).

Art. II. Colonne de compagnie, ploiement et déploiement de la compagnie; colonne de pelotons (nos 145 à 176).

Art. III. Marcher en colonne de compagnie en avant, en retraite, et par le flanc des subdivisions (nos 177 à 184); arrêter la colonne (nos 185 à 187); changer de direction (nos 188 à 202); prendre les distances et reformer la colonne de compagnie (nos 203 à 211); rompre les rangs et rassembler la compagnie en colonne (nos 212 et 213).

Art. IV. Colonnes à distance entière (nos 214 à 222); marcher, changer de direction étant en colonne à distance entière (nos 223 à 225); formations en ligne de la colonne à distance entière (nos 226 à 229); colonne-

CHAPITRE II.

Règles générales et division de l'école de compagnie.

1. L'école de compagnie a pour objet de donner à la compagnie les moyens de manœuvrer et de combattre isolément, soit dans l'ensemble du bataillon.

2. L'instruction de la compagnie est toujours précédée de l'instruction préparatoire de la section; ce n'est que lorsque les sections ont été suffisamment instruites séparément qu'on les réunit pour faire manœuvrer la compagnie.

3. Les escouades, demi-sections et sections restent composées avec les hommes qui leur appartiennent, ainsi qu'il est prescrit au titre Ier (nº 24).

4. Les files sont numérotées de la droite à la gauche dans chaque section, de manière que chaque homme connaisse son numéro dans son rang.

5. La compagnie manœuvre indifféremment face en avant ou face en arrière; après l'exécution d'un mouvement, qu'elle se retrouve soit en ligne, soit en colonne, le nouveau front doit être immédiatement dégagé, de telle sorte qu'on puisse faire feu; à cet effet, les serre-files dans chaque subdivision, les tambours ou clairons, se portent rapidement en arrière du dernier rang, à moins que le capitaine n'en ordonne autrement, par exemple lorsqu'il veut porter la compagnie seulement quelques pas en arrière ou exécuter une marche en retraite.

6. Dans les mouvements face en arrière ou face en avant, lorsque la compagnie est en colonne, les chefs de section passent par la droite de leur section et les serre-files par la gauche; lorsque la compagnie est en ligne, tous les serre-files passent par les deux ailes, chacun d'eux par l'aile la plus rapprochée.

7. L'école de compagnie est divisée en deux parties, chaque partie en deux chapitres.

Chacun des chapitres de la première partie est divisé en quatre articles, et chacun des chapitres de la deuxième partie en sept articles.

Le premier chapitre de la première partie comprend tous les mouvements qui constituent l'instruction de la section à rangs serrés.

Le deuxième chapitre, les mouvements de la compagnie à rangs serrés.

Le premier chapitre de la deuxième partie renferme la formation normale de la compagnie en ordre dispersé, les mouvements qu'elle peut exécuter dans cet ordre, et le fonctionnement de ces divers échelons en vue du combat.

Le deuxième chapitre contient des exercices de combat ayant pour objet l'application de ce fonctionnement à des cas particuliers.

8. Le capitaine n'a pas de place fixe à l'instruction; il se porte partout où il juge sa présence nécessaire pour mieux surveiller l'ensemble et l'exécution générale des mouvements.

Les chefs de section et les serre-files le secondent dans cette tâche et s'occupent des détails; ils rectifient sans bruit les fautes commises, en prennent note et en rendent compte au capitaine. Celui-ci renvoie à l'instruction les hommes qui manœuvrent mal.

9. Les sous-officiers placés à la droite de chaque section sont *guides* de la section. Un guide est habituellement et sans indication dans le commandement, à droite, lorsque la compagnie est en colonne ; au centre, lorsqu'elle est en ligne.

Dans le cas où il doit en être autrement, le commandement l'indique.

Pour se porter d'un flanc à l'autre de la section, les guides passent toujours devant le front.

10. L'instructeur est le plus clair et le plus concis qu'il lui est possible dans ses explications. Le calme et le sang-froid étant le premier moyen d'ordre dans une troupe, l'instructeur doit y habituer celle qu'il exerce et en donner lui-même l'exemple.

11. Dans tous les exercices de la compagnie et de la section, le capitaine et les gradés doivent ne demander que ce qu'il est nécessaire d'obtenir, mais l'exiger d'une manière absolue.

12. Quand la compagnie manœuvre isolément, les tambours et clairons se placent en serre-files derrière le centre de la quatrième section.

PREMIÈRE PARTIE

Règles générales.

13. La section doit avoir douze files au moins pour exécuter le chapitre Ier de la première partie, et au moins huit pour exécuter le deuxième. Si le nombre de files est moindre on réunit deux sections en une seule pour exé-

cuter le premier chapitre; et pour le deuxième
la compagnie est divisée en deux sections seulement : la réunion de deux compagnies en une
seule permet de manœuvrer avec quatre sections d'un effectif se rapprochant de celui du
pied de guerre.

14. Dans le cours des formations et manœuvres de la première partie, quel que soit
l'ordre dans lequel se trouve la compagnie,
qu'elle soit face en avant ou face en arrière,
les subdivisions sont numérotées d'après leur
place du moment dans la ligne ou dans la colonne. Ainsi la subdivision de droite, dans la
formation en ligne (ou celle de tête dans la formation en colonne), prend toujours le n° 1.
Mais, dans ses commandements, le chef de chacune des subdivisions la désigne simplement
par la dénomination de *section* (*demi-section* ou
escouade), sans indication de numéro.

15. Dans le cours des mouvements, toutes
les fois que les hommes s'arrêtent, ils s'alignent d'eux-mêmes. Si la compagnie est en ligne, les guides se placent rapidement sur l'a-
lignement, les épaules dans la direction du
rang, y établissent les deux premiers hommes,
et rectifient ensuite la position des autres.

Si elle est en colonne, le chef de subdivision
assure la position des deux premiers hommes
du côté de l'alignement; puis se portant à deux
pas en dehors, il rectifie s'il est nécessaire,
l'alignement des autres soldats, qui replacent
la tête et le bras gauche au commandement de
Fixe La position du guide est assurée en même
temps que celle des premiers hommes, s'il se
trouve du côté de l'alignement.

16. Lorsque la compagnie manœuvre réunie, le capitaine fait d'abord les commandements préparatoires; ils ne sont pas répétés par les chefs de subdivision, qui font seulement pour leur subdivision les commandements nécessaires à l'exécution du mouvement. Le capitaine fait ensuite le commandement d'exécution, qui n'est pas non plus répété par les chefs de subdivision.

17. Dans l'ordre en colonne, les subdivisions sont *serrées en masse,* lorsqu'elles sont séparées par une distance de six pas d'un guide à l'autre; elles sont *à distance entière,* quand elles ont entre elles une distance égale à leur front.

18. Lorsque la compagnie est en ligne, et que le chef de section doit se porter devant le centre ou à la droite de sa section, le sous-officier se met derrière la file de droite pour le laisser passer; il reprend ensuite sa place au premier rang ou se met derrière le chef de section au deuxième.

19. L'article Iᵉʳ du chapitre Iᵉʳ s'exécute habituellement au port d'arme et aussi l'arme au pied; les charges et les feux se font également en partant de ces deux positions.

Le reste de la première partie s'exécute au port d'arme ou l'arme sur l'épaule droite. Dans ce dernier cas, au commandement de *Halte,* les soldats mettent d'eux-mêmes l'arme au pied en s'arrêtant.

Toutes les fois qu'au commandement de *Marche* les soldats ont l'arme au pied, ils portent l'arme sur l'épaule droite en se mettant en marche.

On doit tenir la main à ce que ces mouvements s'exécutent avec la plus grande régularité

CHAPITRE PREMIER.

ARTICLE Iᵉʳ.

La section étant face en avant, la mettre face en arrière, et réciproquement.

20. Le chef de section commande :
Demi-tour.
À DROITE.

21. Au commandement de *Demi-tour*, les serre-files traversent vivement par la gauche et se portent face à la section, à quatre pas du premier rang, vis-à-vis de leurs places primitives.

22. Au commandement de *Droite*, qui est fait de manière que la section se trouve face en arrière au moment où le dernier serre-file a traversé, la section fait demi-tour à droite, le guide se porte au deuxième rang devenu premier.

23. La section étant face en arrière, son chef la remet face en avant par les mêmes commandements; le mouvement s'exécute d'après les mêmes principes.

Ouvrir et serrer les rangs.

24. La section étant de pied ferme, son chef commande :
Ouvrez vos rangs.
MARCHE.

25. Au commandement de *Ouvrez vos rangs,* le guide se porte à quatre pas (3 mètres) en arrière du premier rang ; il juge cette distance à l'œil sans compter les pas.

26. Au commandement de *Marche*, le second rang marche en arrière, et s'aligne sur le guide d'après les principes prescrits pour les alignements en arrière à l'école du soldat.

27. Le guide dirige l'alignement du second rang ; dès que ce rang est aligné, le chef de section commande : *Fixe* ; le guide reprend sa place au premier rang.

28. Les serre-files marchent en arrière en même temps que le second rang, et se placent à quatre pas de ce rang lorsqu'il est aligné.

29. Les rangs étant ouverts, lorsque l'instructeur veut les faire serrer, il commande :

Serrez vos rangs.

MARCHE.

30. Au commandement de *Marche*, le second rang serre à sa distance, chaque homme se dirigeant sur son chef de file. Les serre-files serrent à leur distance en même temps que le second rang.

Alignements à rangs serrés.

31. Les rangs étant serrés, le chef de section fait prendre des alignements parallèles et obliques, à droite et à gauche, en avant et en arrière, en observant de placer toujours d'avance, pour servir de base d'alignement, le guide et les deux files de droite (gauche) au moyen des commandements prescrits à l'école du soldat.

Dans ces alignements réguliers, on fait toujours porter le guide du côté de l'alignement, s'il n'y est déjà.

32. Le chef de section aligne le premier rang, et dès qu'il voit le plus grand nombre des hommes de ce rang alignés, il commande: *Fixe;* il rectifie ensuite, s'il y a lieu, l'alignement des autres hommes par les moyens prescrits à l'école du soldat. Le second rang se conforme à l'alignement du premier, et le chef de section y veille.

33. Le chef de section s'assure ensuite que les hommes du premier rang ont leurs intervalles et que ceux du second se sont placés correctement à leurs chefs de file.

34. Dans tous les alignements, les serre-files se placent à quatre pas en arrière du second rang.

35. Dans tous les mouvements qui précèdent, le chef de section veille à ce que la position des pieds, du corps et de l'arme soit toujours régulière.

Rompre les rangs et rassembler la section.

36. Le chef de section commande :

Rompez vos rangs.

MARCHE.

37. Les hommes se dispersent en emportant leurs armes.

38. Pour reformer la section, le chef se place face à la ligne que doit occuper le nouveau front, lève son sabre ou son fusil et commande :

RASSEMBLEMENT.

39. A ce commandement, le guide et les caporaux se portent rapidement vers le chef de section; ces derniers s'établissent face à l'emplacement que doit occuper leur escouade. Les hommes viennent se placer, l'arme au pied, à leurs numéros, à quatre pas de leur chef d'escouade, et lui faisant face; ils laissent sa place libre; les caporaux rentrent dans le rang quand leur escouade est rassemblée. Le chef de section fait aligner sa section d'après les prescriptions du n° 31.

40. Le chef de section fait reposer les hommes par les moyens et les commandements prescrits à l'école du soldat.

41. Le chef de section peut aussi, quand il le juge convenable, faire former les faisceaux, ce qui s'exécute également par les commandements et les moyens prescrits à l'école du soldat; il fait ensuite rompre les rangs.

ARTICLE II.

Maniement des armes.

42. Le chef de section commande le maniement des armes dans l'ordre qui suit :

Présenter les armes.	*Porter les armes.*
Reposer sur les armes.	*Porter les armes.*
L'arme sur l'épaule droite.	*Porter les armes.*
Baïonnette au canon.	*Porter les armes.*
Croiser la baïonnette.	*Porter les armes.*
Remettre la baïonnette.	*Porter les armes.*

43. Le chef de section veille à ce que tous ces mouvements s'exécutent vivement et près du corps. Les sous-officiers prennent la position du soldat reposé sur l'arme.

Charge à volonté.

44. La charge à volonté est commandée et exécutée comme il est prescrit à l'école du soldat (nos 224 et suivants).

45. Au commandement de *Charge à volonté,* le guide fait un demi-à-droite comme les soldats; il se remet face en tête quand le chef de section fait porter les armes.

Feu de section; feu rapide.

46. Le feu de section et le feu rapide s'exécutent debout et à genou.

Feu de section debout.

47. Les soldats étant au port d'arme ou reposés sur l'arme, pour faire exécuter le feu de section debout, le chef de section se porte en arrière du centre de sa section à quatre pas des serre-files. (Cette règle est générale pour tous les feux).

A l'instruction, il peut aussi rester devant le centre de sa section pour mieux surveiller l'exécution des mouvements.

48. Le chef de section commande :

Feu de section.

Section.

ARMES.

A (tant de) mètres.

JOUE.

FEU.

CHARGEZ.

49. Au commandement de *Feu de section*, le guide recule sur l'alignement des serre-files et se place derrière la file de droite. (Cette règle est générale pour tous les feux.) Les autres commandements s'exécutent comme il est prescrit à l'école du soldat.

50. Le chef de section fait continuer le feu par les commandements :

Section.

JOUE.

FEU.

CHARGEZ.

51. Il fait cesser le feu par le commandement :

CESSEZ LE FEU.

52. A ce commandement, les soldats cessent de tirer, chargent leurs armes, les désarment et les portent.

53. Pour faire décharger les armes, le chef de section fait l'avertissement : *Déchargez.*

Les hommes se conforment à ce qui est prescrit à l'école du soldat (nº 230 *bis*). Le déchargement de l'arme ne s'exécute qu'avec le fusil modèle 1874.

54. Toutes les armes étant portées, le chef de section fait le commandement :

COUP DE BAGUETTE.

55. A ce commandement, le guide et les hommes reprennent leur position primitive. (Cette règle est générale pour tous les feux.)

56. Le commandement de *Cessez le feu* peut être remplacé par un roulement ou par la sonnerie de *Cessez le feu*; celui de *Coup de baguette* par un coup de baguette ou par un coup de langue.

Feu rapide debout.

57. Le chef de section commande :

Feu rapide.

Section.

ARMES.

A (tant de) mètres.

COMMENCEZ LE FEU.

58. Les commandements de *Armes* et *A (tant de) mètres* s'exécutent comme il a été prescrit à l'école du soldat.

59. Au commandement de *Commencez le feu,* les soldats mettent en joue, font feu, retirent leurs armes, les chargent et continuent de tirer sans cesser de viser, mais sans se régler sur leurs voisins, jusqu'au commandement de *Cessez le feu,* suivi lui-même du commandement de *Coup de baguette.* Ces commandements sont exécutés comme il vient d'être prescrit.

60. Ce feu ne doit être exécuté qu'avec les lignes de mire fixes, la planche couchée, de préférence avec la hausse de 200 mètres.

Feu de section à genou.

61. Le chef de section commande :

Feu de section à genou.

Section.

ARMES.

A (tant de) mètres.

JOUE.

FEU.

CHARGEZ.

62. Ces commandements s'exécutent comme il est prescrit à l'école du soldat et au feu de section debout.

63. Au commandement de *Cessez le feu*, les soldats cessent de tirer, chargent leurs armes, les désarment, les redressent et restent dans la position prescrite à l'école du soldat (n° 237).

64. Au commandement de *Coup de baguette*, qui est fait lorque les armes sont redressées, le guide reprend sa position au premier rang, les soldats se relèvent, portent les armes, et ceux du deuxième rang se placent à leurs chefs de file.

Feu rapide à genou.

65. Le chef de section commande :

Feu rapide à genou.

Section.

ARMES.

A (tant de) mètres.

COMMENCEZ LE FEU.

66. Les commandements s'exécutent comme

il est prescrit à l'école du soldat et au feu rapide debout.

Observations.

67. L'instructeur veille à ce que les soldats conservent le plus grand calme et le plus grand sang-froid dans les feux.

68. Les feux, comme les tirs individuels, s'exécutent toujours sans que la baïonnette soit au bout du canon.

69. Le commandement de *Joue* dans les feux de section et celui de *Commencez le feu* dans les feux rapides doivent être séparés du commandement de *A (tant de) mètres* par un intervalle suffisant pour que les soldats aient le temps de disposer la hausse.

70. Dans les feux de section, le commandement de *A (tant de) mètres* n'est répété que lorsqu'il est nécessaire de changer la hausse.

71. Dans les feux de section, les commandements de *Joue* et de *Feu* sont séparés par un intervalle suffisant pour que l'homme ait le temps de viser.

72. Dans les feux à genou, les chefs de section et les serre-files prennent la même position que les soldats.

73. Pour exécuter les feux sur quatre rangs on place deux subdivisions l'une derrière l'autre, à distance de rang: la première tire à genou, la seconde debout; les serre-files des deux subdivisions se placent derrière le quatrième rang.

Ces feux ne s'emploient que dans des circonstances particulières, par exemple dans la défense d'une barricade, d'un retranchement, d'un défilé.

ARTICLE III.

Marche de front en avant, directe et oblique.

—

Marche de front en avant.

74. La section étant de pied ferme, le chef de section s'assure que le guide est correctement placé, qu'il a bien ses épaules dans la direction du rang ; puis il se porte à sept ou huit pas en arrière de ce guide, et choisit, sur la perpendiculaire au front et à une certaine distance en avant, un objet bien visible, qu'il lui indique à haute voix comme point de direction. Le guide prend entre cet objet et lui un point intermédiaire suffisamment éloigné ; puis le chef de section se retire et commande :

En avant.

MARCHE.

75. Au commandement de *Marche*, la section part vivement.

Le guide observe avec la plus grande précision la longueur et la cadence du pas, et marche en se maintenant toujours exactement sur la direction des deux points choisis. Les soldats se conforment aux principes prescrits à l'école du soldat pour la marche le front. L'homme placé à côté du guide a une attention particulière à ne jamais le dépasser.

76. Les serre-files marchent à quatre pas en arrière du second rang.

Marche oblique.

77. La section exécute la marche oblique par les commandements et les moyens prescrits à l'école du soldat.

78. Dans la marche oblique, la direction est toujours prise du côté vers lequel on oblique, et lorsqu'on revient à la marche directe, elle est reprise sans indication du côté du guide qui n'a pas été déplacé.

79. Pour faire reprendre la marche directe, le chef de section commande :

En avant.

MARCHE.

80. Au commandement de *Marche*, la section reprend la marche directe en se conformant aux principes prescrits à l'école du soldat. Le chef de section se porte derrière le guide et lui donne un point de direction sur la nouvelle perpendiculaire. Le guide se conforme à ce qui a été prescrit ci-dessus.

81. La section étant en marche directe, l'instructeur lui fait quelquefois marquer et changer le pas, passer du pas accéléré au pas gymnastique, et réciproquement, par les commandements prescrits à l'école du soldat (n°s 81 et suivantes).

Observations.

82. Le chef de section fait placer le guide tantôt à la droite, tantôt à la gauche de la section.

83. Afin de mieux affermir les soldats dans la longueur et la cadence du pas et dans les principes de la marche de front, le chef de la section la fait marcher trois ou quatre cents pas sans l'arrêter, lorsque le terrain le permet ; il se tient de préférence sur le flanc du côté de la direction, de manière à voir toutes les fautes; il se place quelquefois en arrière du guide, s'arrête et laisse marcher ce sous-officier vingt ou trente pas, pour s'assurer qu'il ne s'écarte pas de la perpendiculaire.

Arrêter la section.

84. Le chef de section commande :

Section.

HALTE.

85. Au commandement de *Halte*, la section s'arrête et les hommes s'alignent d'eux-mêmes sans autre avertissement, d'après les principes prescrits.

Marche en retraite.

86. Pour marcher en retraite, le chef de la section l'établit face en arrière et lui fait exécuter la marche de front d'après les principes prescrits.

87. La section étant en marche, son chef lui

fait faire demi-tour sans l'arrêter, par le commandement :

Demi-tour à droite.

MARCHE.

Guide à gauche (droite).

88. Au commandement de *Marche,* la section fait demi-tour et marche dans la nouvelle direction; le chef de section et le guide se conforment à ce qui est prescrit pour la marche de front en avant (nos 74 et 75); les serre-files restent à leurs places, conformément aux prescriptions du n° 5.

89. Le chef de la section peut aussi lui faire faire demi-tour et l'arrêter en même temps par le commandement :

Demi-tour à droite.

HALTE.

90. Au commandement de *Halte,* la section fait demi-tour et s'arrête; les serre-files se conforment à ce qui vient d'être dit.

91. Pour faire marcher en arrière, l'instructeur commande :

En arrière.

MARCHE.

92. Le pas en arrière s'exécute d'après les principes prescrits à l'école du soldat (nos 91 et 92); mais, l'usage en étant peu fréquent, l'instructeur ne le fait marcher que dix à douze pas de suite, et seulement de temps à autre.

93. La section étant de pied ferme ou en marche son chef la fait agenouiller, coucher et relever par les commandements et d'après les principes prescrits à l'école du soldat.

Changer de direction.

94. La section change de direction par les moyens prescrits à l'école du soldat. Le chef de section commande, suivant que la section est de pied ferme ou en marche.

Section à droite (gauche).

MARCHE.

ou bien :

Changement de direction à droite (gauche).

MARCHE.

95. Dans les changements de direction de pied ferme, le guide, s'il est du côté du pivot, se place à côté de l'homme qui a fait à droite (gauche), s'il est du côté de l'aile marchante, il se porte en ligne avec le dernier homme de ce côté. Les hommes s'alignent du côté du pivot.

ARTICLE IV.

Marcher par le flanc.

96. La section étant de pied ferme, le chef de section commande :

Par le flanc droit (gauche).

(4) DROITE (GAUCHE).

En avant.

MARCHE.

97. Au commandement de *Droite* (*Gauche*), le guide fait à droite (gauche) ; la section fait à-droite (gauche) en doublant comme il a été prescrit à l'école du soldat.

98. Les serre-files font à-droite sur place, et se trouvent ainsi à deux pas environ du quatrième rang.

99. Au commandement de *Marche*, la section part vivement; le guide se dirige sur le point que lui a indiqué le chef de section, l'homme de droite du premier rang marche exactement derrière le guide; dans chaque file doublée, les hommes conservent la tête directe et marchent à hauteur de leur chef de file, qui passe exactement à la même place que celui qui le précède.

100. Lorsque le guide ne se trouve pas du côté vers lequel on doit marcher, il s'y porte au commandement de *Droite* (*gauche*), et se place devant l'homme du premier rang.

101. Pour mettre la section en marche immédiatement après lui avoir fait faire par le flanc, l'instructeur se conforme à ce qui a été dit à l'école du soldat (n° 131).

Changer de direction par file.

102. La section étant par le flanc, de pied ferme ou en marche, l'instructeur commande :

Par file à gauche (*droite*).

MARCHE.

103. Au commandement de *Marche*, la section converse comme il a été prescrit à l'école du soldat.

Arrêter la section.

104. Le chef de section commande :

Section.

HALTE.

A gauche (droite).

FRONT.

105. Les commandements de *Halte* et de *Front* s'exécutent comme il a été prescrit à l'école du soldat ; si l'on a marché par le flanc gauche, le sous-officier se reporte à la droite du premier rang au commandement de *Front*.

106. Pour faire faire front à la section en l'arrêtant, son chef se conforme à ce qui est prescrit à l'école du soldat (nº 139).

107. On forme la section de deux rangs sur un, et réciproquement, comme il est prescrit à l'école du soldat.

Former la section en ligne.

108. La section étant par le flanc, de pied ferme ou en marche, le chef de section commande :

A gauche (droite) en ligne.

MARCHE.

109. Au commandement de *Marche*, le sous-officier continue à marcher droit devant lui ; les soldats avancent l'épaule droite (gauche), accélèrent l'allure, prennent au besoin le pas gymnastique, et se portent en ligne par le chemin le plus court, en observant de dédoubler les files et de n'entrer en ligne que l'un après l'autre. A mesure qu'ils arrivent en ligne, ils prennent le pas de leur voisin du côté du guide.

110. Les hommes du rang qui est en arrière se conforment au mouvement de leurs chefs de file, mais sans chercher à arriver en ligne en même temps qu'eux.

111. Ce mouvement se fait toujours du côté opposé aux serre-files, par suite, du côté où se trouve placé le guide qui conduit la marche.

A droite et à gauche en marchant.

112. La section passe de la marche de flanc à la marche de front, et réciproquement, par les moyens et les commandements prescrits à l'école du soldat.

Chaque fois que la section se retrouve de front, son chef indique le guide, s'il y a lieu.

Observation générale.

113. Les prescriptions relatives aux mouvements que la section peut exécuter en colonne sont comprises dans l'article 4 du chapitre II, à la colonne de route.

CHAPITRE II.

ARTICLE Ier.

Répétition pour la compagnie des mouvements prescrits pour la section

Face en arrière, et réciproquement.

114. La compagnie étant face en avant, son chef la met face en arrière par les commandements prescrits pour la section.

115. Chaque section, au commandement du capitaine, exécute le mouvement comme il a été prescrit. Les serre-files, au commandement de *Demi-tour*, passent rapidement par les ailes de la compagnie, et se portent face au premier rang, à quatre pas vis-à-vis de leurs places primitives.

Ouvrir et serrer les rangs.

116. Après avoir commandé : *Ouvrez vos rangs*, le capitaine se porte sur le flanc droit, vérifie la position des quatre guides, qui se sont conformés, dans chaque section, à ce qui a été dit au chapitre Ier, et en dirige l'alignement sur le fourrier, qui s'est porté également à quatre pas en arrière de la gauche du premier rang.

117. Il commande ensuite : *marche*, et le mouvement s'achève comme il a été prescrit pour la section ; les serre-files se portent en arrière en même temps que le dernier rang.

118. Dès que le second rang est aligné, le capitaine commande : *Fire.* Les guides reprennent leur place au premier rang.

119. La compagnie serre les rangs comme il a été prescrit pour la section.

Alignements.

120. Pour prendre un alignement, le capitaine se porte sur le flanc de la compagnie, du côté où il veut l'aligner et commande :

Guides.

Sur la ligne.

121. Les guides se portent trois pas en avant vis-à-vis de la file de droite de leur section et font face à droite (gauche) du côté du capitaine ; le fourrier se porte également trois pas en avant, vis-à-vis de la file de gauche de la compagnie, et fait aussi face à droite (gauche). Les chefs de section se portent au premier rang à la droite (gauche) de leur section.

122. Le capitaine vérifie l'alignement tracé par les guides, puis il commande :

A droite (gauche).

Alignement.

123. Chaque section s'aligne d'après les principes prescrits ; l'homme de droite appuie sa poitrine contre le bras droit (gauche) du guide ; il en est de même de l'homme qui correspond au fourrier. Les chefs de section dirigent l'alignement de leur section sur ces hommes.

124. Une fois que le plus grand nombre des soldats est aligné, le capitaine commande :

FIXE.

À ce commandement, chacun reprend sa place.

　　Capitaine

　　Lieutenant

　　Sous-Lieutenant

　　Officier auxiliaire

　　Sergent-major

　　Sergent

　　Fourrier

125. Les serre-files veillent à ce que les intervalles soient observés et à ce que les hommes du second rang soient placés correctement à leurs chefs de file.

Maniement des armes, charge à volonté.

126. Le maniement des armes et la charge s'exécutent dans la compagnie au commandement du capitaine, comme il a été prescrit pour la section.

Feu de compagnie. — Feu rapide.

127. Le capitaine fait exécuter les différents feux à sa compagnie par les moyens et les commandements prescrits pour la section, en substituant l'indication de *compagnie* à celle de *section*.

Il peut aussi faire exécuter des feux par section, et il désigne chaque fois la section qui doit tirer. A son avertissement, le chef de la section désignée se conforme à ce qui a été indiqué pour la section isolée, et fait exécuter les feux prescrits, jusqu'à ce que le capitaine lui donne l'ordre de cesser le feu.

Le capitaine peut enfin faire exécuter des feux à plusieurs sections à la fois, à son commandement.

Marche de front en avant.

128. Le capitaine commande :

En avant.

MARCHE.

129. Au commandement de *En avant*, le fourrier se porte à la gauche de la compagnie, au premier rang.

130. Le capitaine se porte à quelques pas en arrière du guide de la 3e section et choisit, sur la perpendiculaire au front et à une certaine distance en avant, un objet bien visible, qu'il indique à haute voix comme point de direction.

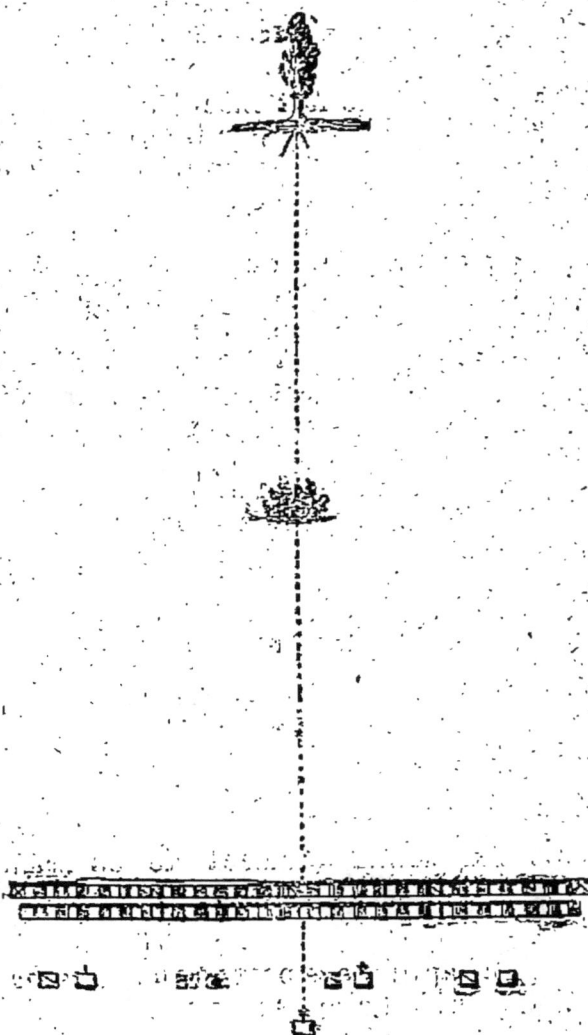

131. Au commandement de *marche*, la compagnie part vivement; le guide du centre marche dans la direction indiquée, en assurant sa marche par les moyens prescrits au chapitre Ier; les autres guides se maintiennent à sa hauteur; les hommes conservent leurs intervalles et l'alignement du côté de la direction.

On exerce quelquefois la compagnie à marcher de front avec le guide à droite (gauche).

Marche oblique.

132. La marche oblique s'exécute d'après les principes prescrits à l'école du soldat; lorsqu'on reprend la marche directe, au commandement de *En avant*, MARCHE, le capitaine indique au guide du centre un point de direction sur la nouvelle perpendiculaire.

Marche en retraite.

133. La marche en retraite s'exécute par les moyens et les commandements prescrits pour la section; les guides passent au rang qui se trouve en avant. Les serre-files restent à leurs places conformément aux prescriptions du n°5.

Faire agenouiller ou coucher la compagnie.

134. Le capitaine fait arrêter, agenouiller, coucher et relever la compagnie par les commandements et les moyens prescrits à l'école du soldat.

Changement de direction de pied ferme.

135. Si la compagnie est de pied ferme, et qu'elle doive changer de direction sous un angle à peu près droit, on la porte dans la nouvelle direction au moyen d'un mouvement de à droite (gauche) et d'un changement de direction par file.

136. Si l'angle est peu ouvert, le capitaine fait prendre à la compagnie son nouveau front au moyen d'un alignement.

Changement de direction en marchant.

137. Si la compagnie est en marche, et qu'elle doive changer de direction sous un angle à peu près droit, le capitaine lui fait exécuter ce mouvement par un *à-droite* (*gauche*) et un changement de direction par file ; puis il lui fait reprendre la marche de front.

138. Si l'angle est peu ouvert, le changement de direction s'exécute au commandement :

Changement de direction à droite (gauche)

Marche.

139. Au commandement de *marche*, le guide du centre marche le pas de 0m38 et se dirige circulairement à droite (gauche), en observant de n'avancer qu'insensiblement l'épaule gauche (droite).

Le sous-officier qui est à l'aile marchante fait le pas de 0m,75 et marche circulairement, en se conformant au mouvement du guide du centre.

Le sous-officier qui est à l'aile opposée ne fait que pivoter.

140. La compagnie se conforme au mouvement de ces trois sous-officiers ; les hommes font le pas d'autant plus grand à l'aile marchante, et d'autant plus petit à l'aile opposée, qu'ils sont plus éloignés du centre.

141. Le capitaine dirige la marche de guide du centre de manière à lui faire décrire un arc de cercle qui ne soit ni trop grand ni trop petit les serre-files veillent à ce que, dans leurs sections, on se conforme au mouvement du centre et des ailes.

142. Le capitaine fait reprendre la marche directe par le commandement :

En avant.

Marche.

Il indique au guide du centre un point de direction sur la nouvelle perpendiculaire.

Marcher par le flanc.

143. La compagnie marche par le flanc d'après les mêmes principes et par les mêmes commandements que la section. Au moment où chaque section fait à-droite (gauche), les guides se placent devant l'homme du premier rang de leur section, en se portant du côté vers lequel on doit marcher, s'ils n'y sont déjà ; les chefs de section, passant par le créneau de droite (gauche), vont se placer à la gauche (droite) de leur guide, suivant qu'on a fait à-droite ou à-gauche.

Changer de direction par file. Arrêter et faire front.

144. Les mouvements de changer de direction par file, d'arrêter la compagnie et de faire front s'exécutent comme il est prescrit au cha pitre Ier; on substitue l'indication de *compagnie* à celle de *section*. Au commandement de *Par le flanc droit (gauche)*, HALTE, les chefs de section se portent à quatre pas derrière le centre de leur section, et les guides reprennent leur place à la droite du premier rang.

ARTICLE II.

Colonne de compagnie. — Ploiement et déploiement de la compagnie.

Ploiement.

145. La compagnie ployée en colonne par section et serrée en masse, forme la *colonne de compagnie*.

En principe, on se sert de la colonne de compagnie pour manœuvrer et non pour marcher.

146. Pour éviter toute perte de temps, toute complication de mouvements et de commandements, et pour maintenir dégagé le front primitif, on prend toujours cette formation en ployant la compagnie en arrière de la section qui se trouve la deuxième dans l'ordre en ligne.

147 La compagnie étant en ligne et de pied ferme, le capitaine commande :

Colonne de compagnie.

MARCHE.

148. Au commandement de *Colonne de compagnie*, les chefs de section se portent devant le centre de leur section : celui de la deuxième la prévient qu'elle ne doit pas bouger; celui de la première commandé : *Par le flanc gauche* ; ceux des troisième et quatrième : *Par le flanc droit*.

149. Au commandement de *Marche*, la deuxième section ne bouge pas ; chacune des autres sections fait par le flanc gauche ou par le flanc droit, et, conduite par son chef, se met en marche pour prendre rang dans la colonne. Le guide de la première, après avoir fait à-gauche, reste derrière l'homme de droite de sa section.

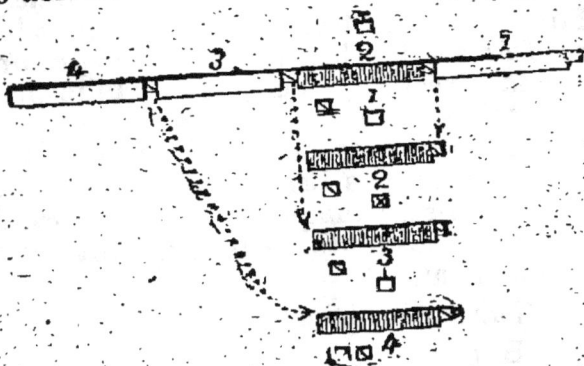

150. La 1re section fait par file à gauche, gagne perpendiculairement en arrière l'espace de six pas, fait par file à droite et entre dans la colonne parallèlement à la section qui n'a pas bougé ; la 3e section fait par file à droite, gagne perpendiculairement en arrière l'espace de douze pas, fait par file à gauche et entre dans la colonne parallèlement à celle qui la précède ; la 4e section se porte diagonalement en arrière ; arrivée à hauteur et à cinq ou six pas du point où elle doit prendre rang dans la colonne, elle se redresse pour y entrer parallèlement à la 3e section et à six pas d'elle.

151. Le chef de la 1er section, arrive à hauteur du guide de la section de base, s'arrête de sa personne et laisse filer sa section, puis commande :

Par le flanc droit.

HALTE.

152. Au commandement de *Halte*, qui est fait à l'instant où la dernière file dépasse le chef de section, le guide se place promptement sur la direction, à six pas du guide précédent; la section s'aligne sur ce guide, et le chef de section surveille l'alignement; les serre-files serrent à un pas. Les chefs des 3e et 4e sections les conduisent jusqu'à hauteur du guide de la section précédente, et les arrêtent par le commandement :

Par le flanc gauche.

HALTE.

Ces deux sections s'alignent aussi à droite.

153. Le mouvement terminé, le chef de compagnie commande : *Fixe*, et les chefs de section se placent à deux pas devant le centre de leur section.

154. En colonne, la place réglementaire du capitaine est à quatre pas en dehors et à hauteur du guide de la tête.

Colonne de pelotons.

155. Le capitaine exerce quelquefois la compagnie à se ployer en colonne de pelotons; à cet effet, il commande :

Colonne de pelotons.

MARCHE.

156. Le ploiement se fait d'après les principes qui viennent d'être énoncés ; seulement les 2ᵉ et 3ᵉ sections ne bougent pas, la 1ʳᵉ se porte derrière la 2ᵉ, et la 4ᵉ derrière la 3ᵉ. Les guides des sections, qui se portent en arrière, se placent exactement à six pas de ceux des sections qui ne bougent pas ; dans chaque section les hommes s'alignent de leur côté.

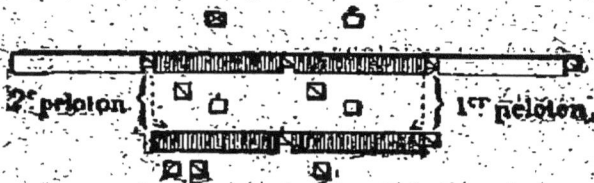

157. Au commandement de *Fixe* du capitaine, les chefs de section se placent à deux pas devant le centre de leur section.

158. La colonne se trouve ainsi formée de deux colonnes de peloton accolées.

159. On passe de la colonne de pelotons à la colonne de compagnie par le commandement :

Colonne de compagnie.

Marche.

160. Les 3ᵉ et 4ᵉ sections (2ᵉ peloton) font demi-tour, se portent en arrière l'espace de douze pas et font par le flanc gauche pour entrer dans la colonne ; les serre-

files de ces deux sections ne changent pas de
place. Lorsque les guides de ce peloton sont à
hauteur de ceux du 1er, les chefs de section
arrêtent leur section par le commandement :

Par le flanc gauche.

HALTE.

161. Pour faire passer de la colonne de
compagnie à la colonne de pelotons, le capitaine
commande :

Colonne de pelotons.

MARCHE.

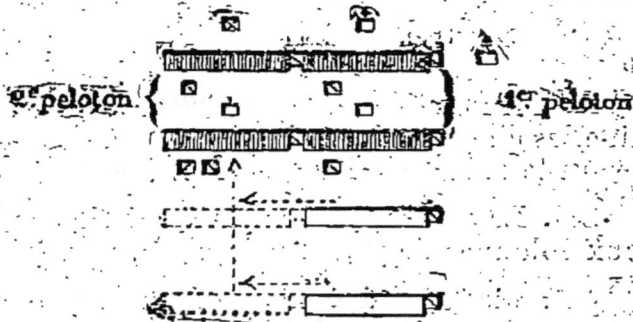

162. Les 3e et 4e sections (2e peloton) se
portent à la gauche des 2e et 1re (1er peloton) par
un mouvement de flanc et une marche en avant.

Déploiement.

163. La colonne de compagnie, pour les
raisons données ci-dessus à propos du ploiement,
se déploie toujours à droite et à gauche
de la section qui se trouve la première dans
l'ordre en colonne (une section à droite et les
deux autres à gauche).

164. La colonne de compagnie étant de pied ferme, le chef de compagnie commande :

Déployez.

MARCHE.

165. Au commandement de *Déployez*, le chef de la 1re section (section de tête) la prévient qu'elle ne doit pas bouger; celui de la 2e commande : *Par le flanc droit;* ceux des 3e et 4e : *Par le flanc gauche.*

166. Au commandement de *Marche*, la 1re section ne bouge pas, les trois autres font par le flanc et se mettent immédiatement en marche.

167. Le chef de la 2e section, placé à la droite de sa section, la laisse filer, puis commande :

Par le flanc gauche.

MARCHE.

Le commandement de *Marche* est fait au moment où la dernière file est arrivée à sa hauteur.

168. Il arrête sa section un peu avant qu'elle arrive sur l'alignement, qu'elle ne doit jamais repasser. Le guide de la 1re section recule alors au second rang, et le chef de la 2e, prenant sa place, dirige l'alignement.

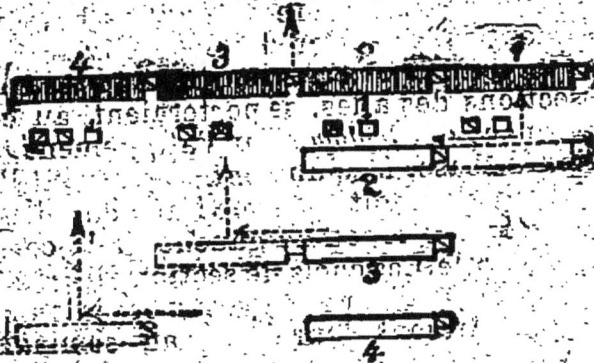

169. La 3e section marche par le flanc gauche; son chef, placé à sa gauche, la laisse filer et commande :

Par le flanc droit.

MARCHE.

170. Le commandement de *Marche* est fait lorsque le guide arrive à la hauteur du chef de section. La section se porte droit en avant, et elle est ensuite arrêtée comme il a été prescrit pour la 2e, mais elle s'aligne à droite ; le chef de section se place au premier rang, le guide reculant au second rang.

171. Le chef de la 4e section s'arrête de sa personne au moment où la 3e fait par le flanc droit; il se conforme ensuite à ce qui vient d'être prescrit pour celui de la 3e.

172. Le mouvement terminé, le chef de compagnie commande : *Fixe* ; les chefs de section et les serre-files reprennent leur place.

173. Dans le cas où l'on voudrait un alignement plus correct, on rectifierait au besoin l'alignement de la section de tête; deux sous-officiers de serre-files, et, à leur défaut, les guides des sections des ailes, se porteraient, au commandement de *Déployez*, sur l'alignement de la section de base, face au centre et devant l'emplacement que doit occuper l'une des dernières files de droite ou de gauche de la compagnie déployée. Les chefs de section dirigeraient l'alignement de leur section sur ces jalonneurs qui reprendraient leur place au commandement de *Fixe*.

174. Le ploiement et le déploiement s'exécutent en marchant par les moyens et les commandements indiqués ci-dessus; seulement la section base du mouvement, qui a été prévenue par son chef, s'arrête au commandement de *Marche*.

175. La colonne de compagnie se déploie face en arrière, face à droite ou face à gauche, comme il est dit ci-dessus, après avoir préalablement fait demi-tour, ou exécuté un changement de direction à droite ou à gauche.

176. La colonne de pelotons se déploie d'après les mêmes principes et par les mêmes commandements que la colonne de compagnie.

ARTICLE III.

Marcher en colonne de compagnie en avant ou en retraite.

177. Le capitaine indique à haute voix au guide de la tête un objet distinct en avant sur la ligne que doit suivre la colonne. Le guide y fait face et prend à terre un point intermédiaire.

178. Le capitaine commande ensuite :

En avant.

MARCHE.

179. Au commandement de *Marche*, les sections partent vivement et se conforment aux principes prescrits pour la marche de front. Le guide de la tête observe avec la plus grande précision la longueur et la cadence du pas, et assure sa marche par les moyens indiqués. Chacun des autres guides marche dans les traces de celui qui le précède et du même pas que lui, en conservant sa distance.

180. La compagnie, après avoir fait demi-tour, marche en retraite, comme il vient d'être prescrit pour la marche en avant.

Marcher par le flanc des subdivisions

181. Le capitaine commande :

Par le flanc droit (gauche).

MARCHE.

Guide à gauche (droite).

182. Les chefs de section se portent à la droite (gauche) de leur section à côté du guide au moment où les sections font par le flanc. Pendant la marche, ils maintiennent leur guide à hauteur de celui qui est chargé de la direction.

183. La compagnie reprend la marche en avant ou en retraite au commandement :

Par le flanc gauche (droit).

MARCHE.

184. Au commandement de *Marche*, les chefs de section se portent à deux pas devant le centre de leur section ; les guides à la droite, à moins d'indication contraire.

Arrêter la colonne.

185. Le capitaine commande :

Compagnie.

HALTE.

186. Au commandement de *Halte* la compagnie s'arrête.

187. Le capitaine peut également arrêter la colonne marchant par le flanc et lui faire faire front au moyen du commandement :

Par le flanc gauche (droit).

HALTE.

Changer de direction.

188. La colonne étant arrêtée, le capitaine vérifie la direction des guides, et la rectifie s'il le juge nécessaire ; les guides prennent correctement leurs distances, les chefs de section rectifient l'alignement.

189. La colonne de compagnie étant de pied ferme, change de direction par le flanc des subdivisions par les moyens suivants.

Le capitaine commande :

Changement de direction par le flanc droit (gauche).

MARCHE.

190. Au commandement de *Marche*, les sections font par le flanc et se mettent immédiatement en marche.

191. Le chef de la 1re reste de sa personne au point d'appui et laisse sa section, conduite par le guide, filer dans la direction indiquée par le capitaine.

Il l'arrête par les commandements :

Par le flanc gauche (droit).

HALTE.

192. Le commandement de *Halte* est fait au moment où la dernière file est à hauteur du chef de section; l'homme de gauche (droite) appuie son bras gauche (droit) contre la poitrine du chef de section, et la section s'aligne du côté du point d'appui.

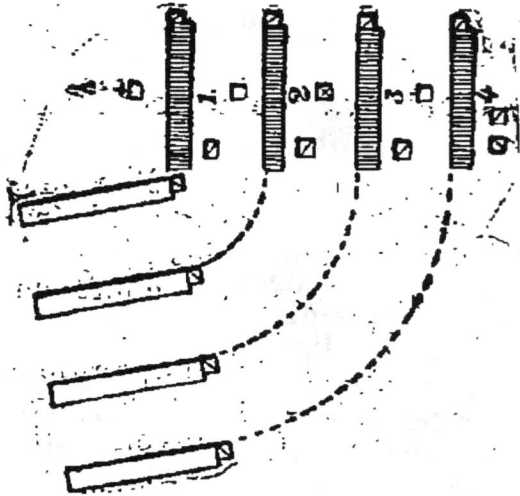

193. Le guide de tête de chacune des subdivisions suivantes, conduit par son chef de section, se dirige de manière à entrer dans la colonne parallèlement à la section qui précède et à six pas d'elle.

194. Chaque chef de section s'arrête de sa personne lorsqu'il est arrivé à hauteur des chefs de section déjà placés, et laisse filer sa section ; celle-ci est arrêtée et s'aligne comme il est prescrit ci-dessus.

195. Le mouvement terminé, le capitaine commande: *Fixe;* les chefs de section se portent à deux pas devant le centre de leur section et les guides reviennent se placer du côté du point d'appui, à moins que le capitaine n'en ordonne autrement.

196. Les changements de direction d'une colonne de compagnie en marche se font toujours par le front des subdivisions.

197. Le capitaine fait prendre à la compagnie le guide du côté opposé au changement de direction, s'il n'y est déjà, puis il commande :

Changement de direction à droite (gauche).

MARCHE.

198. Au commandement de *Marche*, la section de tête converse comme si elle était isolée;

les autres sections se conforment immédiatement à son mouvement, chaque guide obliquant légèrement à gauche ou à droite pour se placer peu à peu dans les traces de celui qui précède, en conservant sa distance de six pas.

199. Chaque chef ce section, faisant face à sa section, en règle la marche, veille à ce que son alignement soit à peu près parallèle à celui de la section qui précède et que le milieu cintre un peu en arrière.

200. Le capitaine veille à ce que le cercle décrit par le guide de l'aile marchante ne soit ni trop grand ni trop petit; il fait allonger ou raccourcir le pas du pivot de la section de tête si cela devient nécessaire pour faciliter la marche des autres sections; et lorsqu'il voit la conversion près d'être achevée, il commande :

    1. *En avant.*

    2. MARCHE.

201. Au commandement de *Marche*, qui est fait à l'instant où la section de tête a terminé sa conversion, cette section reprend la marche directe; les autres achèvent leur conversion et se conforment au mouvement de la première; les guides se remettent peu à peu à leurs chefs de file.

202. La colonne de pelotons marche, change de direction, et est arrêtée d'après les mêmes principes et par les mêmes commandements que la colonne de compagnie.

Prendre les distances et reformer la colonne de compagnie.

Prendre les distances.

203. Le capitaine commande :

Prenez les distances.

204. Le chef de la section de tête met immédiatement sa section en marche par les commandements :

En avant.

MARCHE.

205. La section suivante est mise en marche par son chef de la même manière; le commandement de *Marche* est prononcé au moment où la section a sa distance. Chacune des autres sections exécute successivement ce qui vient d'être prescrit pour les deux premières.

206. Si la colonne de compagnie est en marche, au lieu d'être de pied ferme, le capitaine l'arrête et lui fait prendre les distances par les moyens et les commandements indiqués ci-dessus.

207. Si le capitaine veut prendre les distances sur la queue de la colonne, il arrête la compagnie aussitôt que la dernière section a sa distance.

208. Pour faire prendre les distances par la queue ou sur la tête de la colonne, le capitaine fait faire demi-tour à la compagnie, et ces mouvements s'exécutent ensuite comme il vient d'être prescrit pour la colonne face en avant.

Reformer la colonne de compagnie.

209. La compagnie étant en colonne à distance entière, le capitaine, pour reformer la colonne de compagnie, commande :

Colonne de compagnie.

MARCHE.

210. Au commandement de *Marche*, les sections serrent à leur distance (six pas) sur la première section; celle-ci s'arrête si la colonne est en marche.

211. Pour reformer la colonne de compagnie sur la queue, le capitaine fait faire demi-tour à la colonne et serrer les distances sur la tête comme il vient d'être indiqué; la compagnie est ensuite remise face en avant.

Rassemblement de la compagnie.

212. La compagnie ayant rompu les rangs sans former les faisceaux, le capitaine se place au point où il veut la reformer, lève son sabre et commande :

RASSEMBLEMENT.

213. A ce commandement, et qu'elle que soit la formation antérieure de la compagnie, tout le monde se dirige sur le capitaine. Les chefs de section se placent dans l'ordre indiqué au n° 149, mais à des distances suffisantes pour que les hommes retrouvent sans trop de difficultés leur subdivision; ils reforment rapidement leur section à l'aide des sous-officiers et caporaux, et serrent ensuite sur la section de tête à la distance réglementaire de six pas; les sections s'alignent en s'arrêtant.

ARTICLE IV.

Colonnes à distance entière.

214. En principe, on se sert de la colonne à distance entière pour marcher et non pour manœuvrer.

215. La compagnie étant en ligne, de pied ferme, pour la former en colonne à distance

entière face à droite (gauche), le capitaine commande :

Sections à droite (gauche).

MARCHE.

216. Au commandement de *Marche*, les sections se forment à droite (gauche), comme il a
été prescrit au chapitre 1er (n° 94); les chefs de
section se portent du côté du pivot pour surveiller l'alignement.

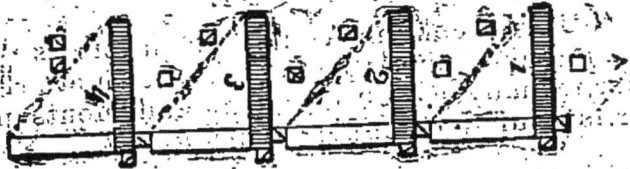

217. Le mouvement terminé, le capitaine
commande : *Fixe*; les chefs de section se portent à deux pas devant le centre de leur section;
les serre-files restent à quatre pas du second
rang.

218. Si la compagnie est en marche par le
flanc droit (gauche), le capitaine commande :

Sections à gauche (droite) en ligne.

MARCHE.

219. Le mouvement s'exécute dans chaque
section comme il a été prescrit au chapitre 1er
(n° 109).

220. Les chefs de section se portent devant
le centre de leur section, en passant par l'ou-
verture qui se fait en tête de chaque section.

221. Pour former la compagnie en colonne
à distance entière, face en avant, on se ploie en

colonne de compagnie et l'on prend les distances.

222. Pour la former face en arrière, on fait faire demi-tour, soit avant le ploiement, soit après, et l'on prend également les distances.

Marcher, changer de direction, étant en colonne à distance entière.

Marcher.

223. La colonne à distance entière est mise en marche, assurée dans sa direction et arrêtée par les moyens et les commandements prescrits pour la colonne de compagnie.

Changer de direction.

224. Si la colonne est en marche, le capitaine fait placer le guide du côté opposé au changement de direction, s'il n'y est déjà. Il indique au chef de la première section sur le prolongement des guides le point où doit s'effectuer le changement de direction; au besoin il y place un jalonneur; puis il commande :

Changement de direction à droite.

225. Chaque section, à mesure qu'elle arrive au point indiqué, change de direction au commandement de son chef, comme si elle était isolée.

Formation en ligne de la colonne à distance entière.

226. La colonne par section à distance entière se reforme en ligne face à gauche (droite) de la manière suivante.

227. Si la compagnie est de pied ferme, le capitaine commande :

Sections à gauche (droite).

MARCHE.

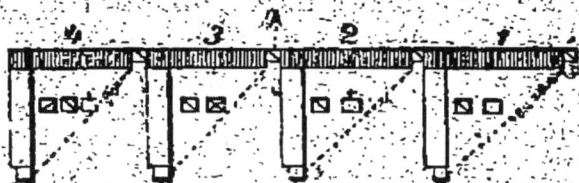

228. Au commandement de *Marche*, les sections se forment à gauche (droite); les chefs de section se placent à la gauche (droite) du premier rang ; les guides, restant à l'aile à laquelle ils sont placés, reculent au second rang; chaque section s'aligne du côté de son chef. Le mouvement terminé, le capitaine commande : *Fixe;* les chefs de section et les guides reprennent leurs places.

229. Pour former la colonne à distance entière en ligne, face en avant ou en arrière, le capitaine la fait serrer en colonne de compagnie et déployer en avant ou en arrière, comme il a été prescrit.

Colonne de route.

230. La colonne étant à distance entière et

de pied ferme, on la met en marche au pas de
route par le commandement :

En avant.

Pas de route.

MARCHE.

231. Les soldats se mettent en marche en
prenant le pas de route et portent d'eux-mêmes l'arme à volonté; ils ne sont plus tenus de
marcher du même pied ni d'observer le silence.
Ceux du deuxième rang raccourcissent le premier pas de manière à se trouver à 70 centimètres de leurs chefs de file.

232. Quand on veut faire mettre l'arme à la
bretelle, on fait le commandement prescrit à
l'école du soldat.

233. Au pas de route, les changements de
direction s'exécutent à l'avertissement des chefs
de subdivision et sans que les guides changent
de côté.

234. Pour faire reprendre la marche au pas
cadencé, le capitaine commande :

Pas accéléré.

MARCHE.

235. Au commandement de *marche*, les soldats prennent le pas cadencé, mettent l'arme
sur l'épaule droite et serrent de manière à
avoir 40 centimètres de distance entre les
rangs. On reprend le pas de route au commandement :

Pas de route.

MARCHE.

236. Les mouvements qui suivent seront

exécutés aussi bien au pas cadencé qu'au pas de route.

237. Pour diminuer le front d'une colonne à distance entière, les sections ayant leurs quatre escouades le capitaine fait rompre par demi-section ; à cet effet, il commande :

Rompez les sections.

Marche.

238. Au commandement de *Rompez les sec tions,* les chefs de demi-section se portent devant le centre de leur demi-section; celui de la première la prévient qu'elle doit continuer à marcher droit devant elle; celui de la deuxième commande:

Marquez le pas.

239. Au commandement de *Marche,* la première demi-section continue à marcher droit devant elle; la deuxième marque le pas, et son chef commande aussitôt:

Oblique à droite.

Marche.

240. Ce dernier commandement est fait de manière que la demi-section commence à obliquer dès qu'elle est dépassée par celle qui la précède. Le chef de demi-section fait ensuite le commandement de *En avant,* Marche, à l'instant où l'homme de droite de sa subdivision couvre l'homme de droite de la subdivision qui est en avant. Chacun des chefs de demi-section se porte, le mouvement

terminé, à la droite de sa subdivision, et le
chef de la section, qui a surveillé l'ensemble,
se place à deux pas à droite du guide de la
demi-section de tête.

241. Si la section n'a que deux escouades,
le mouvement se fait de la même manière et
par les mêmes commandements; les caporaux restant à leur place font, chacun pour son
escouade, les commandements prescrits ci-
dessus pour les chefs des demi-sections. La
section étant rompue, les sergents conservent
leur place à la droite des escouades de tête de
leur demi-section, et les chefs de section se
placent à deux pas en dehors du guide de la
tête de leur section.

242. On fait rompre les demi-sections par
les commandements :

Rompez les demi-sections.

MARCHE.

243. Le mouvement se fait dans chaque
demi-section comme il vient d'être dit pour la
section qui n'a que deux escouades; la colonne
étant formée par escouades, les caporaux restent à droite de leur escouade, les chefs des
demi-sections à la droite du caporal de l'escouade de tête de leur demi-section, et les chefs
de section, à deux pas en dehors du chef de la
demi-section de tête, surveillent l'ensemble.

244. Lorsque la colonne par section ou par
demi-section rencontre un obstacle de peu
d'étendue, le chef de subdivision désigne l'escouade de l'aile ou du centre qui doit se porter en arrière; celle-ci rompt comme il vient

d'être prescrit et se place derrière l'escouade voisine qui fait partie de la même section ou demi-section. — Elle rentre en ligne à l'avertissement du chef de subdivision en obliquant et en accélérant l'allure.

245. Si la largeur du chemin ne permet pas de marcher en colonne, le capitaine lui fait faire par le flanc droit (gauche) par les commandements suivants :

Par le flanc droit (gauche).

Par file à gauche (droite).

MARCHE.

246. Au commandement de *Marche*, tout le monde fait à-droite (gauche); dans chaque subdivision, la file de tête converse aussitôt à gauche (droite), et les autres files viennent successivement converser à la même place. La file de tête de chaque subdivision se dirige de manière à se placer à la suite de la subdivision qui la précède. Les chefs de section, les guides et les autres sous-officiers se portent, avant que les subdivisions soient réunies, aux places qui leur sont assignées dans la marche de flanc.

247. Si le chemin devient encore plus étroit, la compagnie marche par le flanc en dédoublant les files et peut au besoin marcher sur un rang; les files ou les hommes se suivent le plus près possible et sans perdre de temps.

248. Lorsque le défilé donne passage à deux ou à quatre hommes de front, la compagnie se reforme successivement sur deux ou quatre rangs; au besoin, la tête de la compagnie est arrêtée lorsqu'elle a parcouru au-delà du défilé un espace suffisant pour contenir la compagnie, les files serrent à leur distance, les rangs sont reformés et le capitaine fait ensuite reprendre la marche.

249. La compagnie étant sur quatre rangs, on reforme les escouades, demi-sections et sections en ligne d'après les principes prescrits (n° 108), en substituant, suivant le cas, l'indication d'*escouades* ou de *demi-sections* à celle de *sections*.

250. La colonne étant par escouades, le capitaine fait reformer les demi-sections par les commandements suivants :

Formez les demi-sections.

MARCHE.

251. Au commandement de *Formez les demi-sections,* le chef de l'escouade de tête dans chaque demi-section commande : *Oblique à droite;* le chef de l'escouade de queue la prévient qu'elle doit continuer à marcher droit devant elle; au commandement de *Marche,* l'escouade de tête oblique à droite; lorsqu'elle a démasqué l'escouade suivante, son chef lui fait marquer le pas, et dès que l'escouade de queue, qui a continué à marcher droit devant elle, est arrivée à sa hauteur, le chef de demi-section commande : *En avant,* MARCHE; toute la demi-section se porte en avant. Les chefs de subdivision reprennent la place qui leur a été assignée plus haut.

252. La colonne étant par demi-sections, pour faire former les sections, le capitaine commande :

Formez les sections.

MARCHE.

253. Le mouvement se fait absolument de la même manière; les demi-sections exécutent ce qui vient d'être prescrit pour les escouades.

254. Le mouvement terminé, les chefs de section et les sous-officiers reprennent les places qui leur sont assignées dans la colonne par sections.

255. Tous ces mouvements de rompre et de former les sections et demi-sections, de marcher par le flanc, de doubler et de dédoubler les files et de se reformer en colonne, peuvent être faits simultanément au commandement du capitaine, ou successivement dans chaque subdivision à son avertissement.

Dans ce dernier cas, à l'avertissement du capitaine, la première subdivision fait son mouvement ; les autres viennent ensuite exécuter le leur à la même place que la première.

Formations contre la cavalerie.

256. Toutes les formations sont bonnes contre la cavalerie, si les hommes savent faire usage de leur arme avec calme et attendre l'ennemi à bonne portée.

On évitera en conséquence toutes les manœuvres qui pourraient amener une perte de temps ou causer du trouble dans la troupe.

257. Au cas où une colonne de compagnie est surprise par une charge de cavalerie, le capitaine commande :

Colonne contre la cavalerie.

MARCHE.

258. Au commandement de *Marche,* la première section ne bouge pas (ou s'arrête), la quatrième section serre sur celle qui la précède et fait demi-tour; les files de droite et de gauche des premières et quatrièmes sections font face en dehors; la deuxième et la troisième sections ne bougent pas (ou s'arrêtent); les chefs de ces sections, aidés par leurs sous-officiers, désignent vivement le nombre des files nécessaires pour fermer sur les faces latérales la distance qui se trouve en avant de leurs sections. Les files désignées pour boucher les intervalles se forment à droite et à gauche, les files non employées restent à leur place.

259. Le capitaine, les chefs de section, les sous-officiers, les tambours et les clairons rentrent dans la colonne.

260. Si la compagnie est en colonne de pelotons, les sections de queue font demi-tour ; dans chaque peloton les deux files des ailes font face en dehors, et les intervalles sont bouchés par les sous-officiers.

261. Dès que la cavalerie est repoussée, le capitaine commande :

Colonne de compagnie.

MARCHE.

282. Au commandement de *Marche*, la colonne reprend sa formation habituelle, les files des sections intérieures qui se sont formées à droite ou à gauche se replacent en colonne par le pas en arrière ; la quatrième section reprend sa distance et fait demi-tour.

DEUXIÈME PARTIE.

Règles générales.

263. Cette partie a pour objet de donner à une compagnie les moyens de manœuvrer et de combattre en ordre dispersé.

264. L'instruction sur la deuxième partie de l'école de compagnie sera toujours *donnée et constatée*, sur des terrains variés; on pourra cependant utiliser *éventuellement* le terrain habituel d'exercices, lorsque ses dimensions permettront d'*éviter les invraisemblances*.

265. Les mouvements sont exécutés d'après les ordres transmis à la voix ou au moyen d'ordonnances, et conçus en termes clairs et précis, tels que :

Telle section, chaîne, ou renfort ou soutien.

Une escouade de telle section, prolongez la chaîne à droite.

Telle section, doublez la chaîne à droite.

Telle section, crochet offensif à gauche.

Une escouade de telle section, au mamelon, au pont, etc.

Feu rapide.

Attaque générale en avant, etc., etc.

266. Le capitaine donne les ordres généraux; les chefs de section font prendre, à leur commandement, les formations réglementaires qui leur semblent le plus convenables, et faire les mouvements qui doivent assurer l'exécution de ces ordres.

267. La deuxième partie est divisée en deux chapitres.

Le premier chapitre renferme tout ce qui est relatif à la formation normale de la compagnie en ordre dispersé, aux mouvements qu'elle peut exécuter dans cet ordre, et au fonctionnement de ses divers échelons en vue du combat en général.

Le deuxième chapitre contient l'application à des cas particuliers des formations et des principes exposés dans le premier.

268. Le capitaine s'assure à toute époque de l'année, et particulièrement avant de faire exécuter les exercices de la deuxième partie, que ses officiers, sous-officiers et caporaux possèdent les connaissances nécessaires pour diriger leur troupe dans l'ordre dispersé. Il complète leur instruction à l'aide d'interrogations et d'explications.

Il insiste sur l'importance que chacun doit attacher à la connaissance et au bon emploi du terrain ; il montre comment les diverses subdivisions peuvent s'en servir avantageusement suivant leur effectif.

269. Dans les exercices de la deuxième partie, les fractions à rangs serrés se conforment aux principes prescrits dans la première partie, mais on devra profiter de toutes les sinuosités du terrain, et sacrifier au besoin un alignement rigoureux à la nécessité de s'abriter.

270. Dès que la troupe sort de la place d'exercices, on doit profiter de toutes les circonstances favorables pour l'habituer à se conduire comme si elle était dans le voisinage de l'ennemi.

Par contre, les exercices en ordre dispersé doivent toujours être suivis de quelques mouvements en ordre serré, dans lesquels on doit exiger la plus grande précision.

CHAPITRE PREMIER

Règles générales.

271. Pour donner plus d'intérêt aux exercices en ordre dispersé, et pour motiver les mouvements successivement exécutés, on doit, dès les premiers exercices de ce chapitre, supposer pour chacun de ces mouvements la direction générale dans laquelle se trouve l'ennemi.

Plus tard, lorsque les gradés et les hommes ont parcouru la série des articles et qu'ils sont familiarisés avec le fonctionnement des échelons de la compagnie, on figure l'ennemi, et l'on dirige la manœuvre d'après une idée générale dont on suit le développement naturel.

La capitaine peut, s'en s'écarter de la vraisemblance, faire des suppositions suffisamment variées; elles seront simples dans les commencements, arriveront progressivement à représenter tous les incidents du combat, et se rapprocheront autant que possible de ce qui se passerait réellement en présence de l'ennemi. Il habituera ainsi sa compagnie à exécuter sûrement et rapidement les mouvements qu'exigeraient les circonstances de guerre, quelque imprévues qu'elles soient.

272. Le capitaine donne d'abord l'idée générale, base de la manœuvre; il y joint les éclaircissements strictement nécessaires, et indique la première formation que la compagnie doit prendre. Les mouvements suivants sont exécutés d'après des ordres qu'il fait parvenir aux diverses fractions.

Les officiers et les sous-officiers profitent des temps d'arrêt qui peuvent se produire pour indiquer aux soldats le but des divers mouvements.

ARTICLE Ier.

Formation de combat de la compagnie

Fractionnement en échelons.

273. Une compagnie, pour prendre sa formation de combat, se déploie toujours en ordre dispersé.

Le mouvement s'exécute toujours par fractions constituées, le plus souvent en partant de la colonne de compagnie.

La compagnie se subdivise en trois échelons; une section constitue la chaîne, une autre section forme le renfort; ces deux sections sont habituellement prises dans le même peloton, et sont commandées par le chef de peloton, qui est remplacé dans le commandement de sa section, s'il en est besoin. Le soutien est composé des deux dernières sections sous le commandement de l'autre chef de peloton. Cette formation se prend par le premier ou par le second rang, quel que soit l'ordre dans lequel se trouvent les subdivisions.

274. Lorsque, par suite des circonstances, une fraction constituée est divisée, son chef se tient avec la portion où sa présence est le plus nécessaire.

275. Le capitaine a habituellement auprès de lui un clairon, et le fourrier de la compagnie, quand ce sous-officier n'est pas employé au commandement d'une fraction constituée. Au besoin, le capitaine et les chefs de peloton choisissent des hommes intelligents pour porter leurs ordres ou rapports ; s'ils ne peuvent les leur donner par écrit, ils les leur font répéter pour s'assurer qu'ils ont été bien compris.

276. Les officiers, sous-officiers et caporaux n'ont point de place fixe quand ils commandent une subdivision ; ils se placent à l'endroit d'où ils peuvent le mieux juger de la situation et diriger leur troupe.

Déploiement d'une section en chaîne.

277. Lorsqu'une section doit se déployer, son chef indique à l'un des caporaux la direction à suivre ou l'emplacement à occuper, puis il commande :

Sur telle escouade, déployez.

278. A ce commandement, l'escouade désignée, conduite par son caporal, marche dans la direction indiquée ou prend position sur l'emplacement choisi. Les autres caporaux font gagner à leur escouade, en marchant obliquement ou par le flanc, vers la droite ou vers la gauche, un intervalle suffisant pour qu'elle puisse se déployer conformément aux prescriptions de

l'école du soldat, les files restant à six pas l'une
de l'autre; ils se règlent sur l'escouade de base
et utilisent avec soin les formes du terrain
Les escouades restent groupées et détachent en
avant chacune deux éclaireurs. (A l'instruction,
un seul homme peut suffire.)

279. Lorsqu'il est nécessaire de faire déployer en tirailleurs une ou plusieurs escouades, les caporaux ou le chef de section font
exécuter ce mouvement par les moyens et commandements prescrits à la deuxième partie de
l'école du soldat.

280. Le chef de section peut, lorsqu'il est
nécessaire, faire déployer immédiatement toute
la section en tirailleurs.

Il fait alors le commandement :

  Sur telle escouade, en tirailleurs.

281. Chaque escouade se déploie lorsqu'elle
est arrivée à la droite ou à la gauche de celle
qui la précède.

282. Si l'intervalle entre les escouades doit
être plus considérable, le chef de section indique dans son commandement le nombre de
pas qui doit les séparer l'une de l'autre.

Quand les escouades sont groupées, l'intervalle se prend d'un groupe à l'autre ; quand
elles sont déployées, il se prend entre les files
voisines de deux escouades.

283. Un peloton (*deux sections*) qui doit se
déployer en entier en tirailleurs se conforme
aux prescriptions précédentes; chaque section

exécute, à l'avertissement du chef de peloton qui indique l'escouade de base, le mouvement comme si elle était isolée.

Déploiement de la compagnie.

284. Le capitaine commence par donner aux chefs de section des instructions générales sur le but à atteindre; il y joint les explications nécessaires pour les mettre au courant de la situation et du rôle qu'ils auraient à jouer dans le combat; il indique la direction, la formation et l'emplacement à prendre tout d'abord.

285. Le capitaine ordonne ensuite aux chefs de peloton de commencer le mouvement; ceux-ci prennent le commandement de leur troupe, et la dirigent de manière à exécuter les ordres reçus; ils adoptent, sous leur responsabilité, toutes les dispositions qui leur permettent de se conformer à la fois aux instructions du capitaine et aux exigences des circonstances et du terrain.

286. Lorsque le chef du peloton qui se trouve en avant le juge nécessaire, il désigne la section qui doit former la chaîne. Cette section est immédiatement déployée par escouades au commandement de son chef, et par les moyens prescrits ci-dessus. La section de renfort est arrêtée, ou, s'il y a lieu, portée en arrière; son chef lui fait prendre les dispositions convenables, suivant les circonstances.

287. Le maximum de la distance qui doit séparer le renfort de la chaîne est de 150 mètres; entre le soutien et le renfort, ce maximum est de 350 mètres.

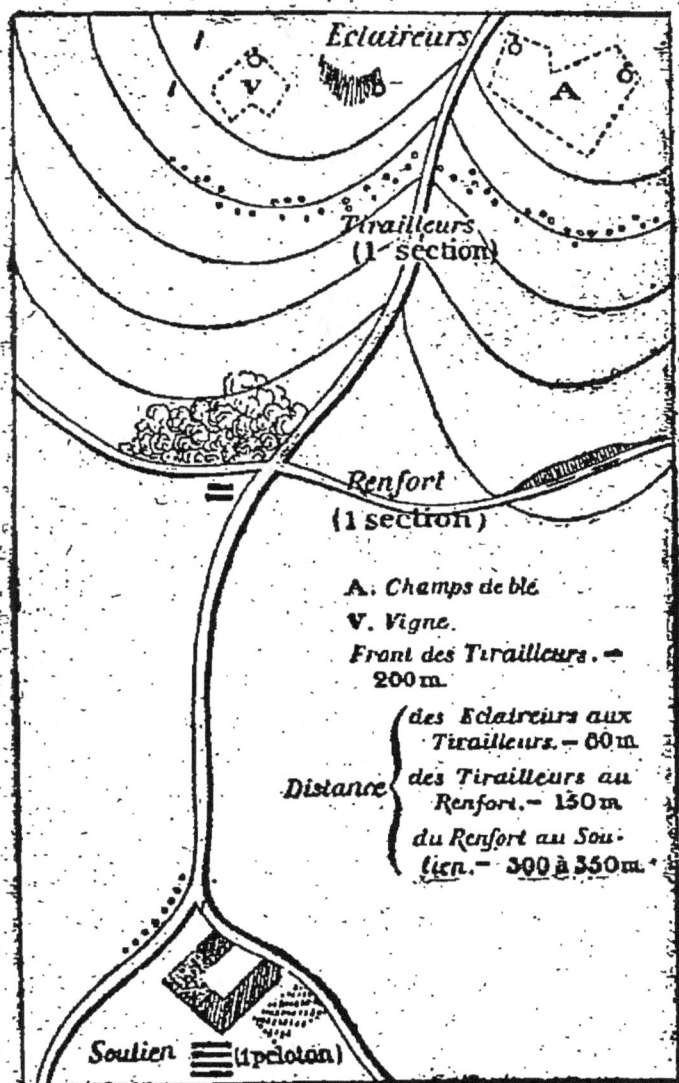

Eclaireurs

Tirailleurs
(1º section)

Renfort
(1 section)

A. *Champs de blé*
V. *Vigne.*
Front des Tirailleurs. —
200 m.

Distance $\begin{cases} \text{des Éclaireurs aux} \\ \quad \text{Tirailleurs. — 60 m.} \\ \text{des Tirailleurs au} \\ \quad \text{Renfort. — 130 m.} \\ \text{du Renfort au Sou-} \\ \quad \text{tien. — 300 à 350 m.} \end{cases}$

Soutien (1 peloton)

288. Le renfort est groupé en arrière du centre de la chaîne ou réparti en arrière des ailes, de manière à pouvoir se porter rapidement sur les points où son action peut devenir utile ou nécessaire.

289. Le soutien reste massé autant que possible; il est placé, soit en arrière du centre, soit en arrière de l'aile la plus exposée.

290. Le renfort et le soutien, jusqu'au moment où ils sont appelés à entrer en ligne, prennent les formations qui, en raison du terrain, peuvent le mieux les mettre à l'abri de la vue et des projectiles de l'ennemi.

291. Dans certaines circonstances, la compagnie ne prendra pas tout d'une fois la formation de combat telle qu'elle vient d'être prescrite; l'effectif de ses échelons ne sera pas toujours celui qui vient d'être indiqué. Par exemple, un peloton (deux sections) peut être déployé en chaîne; alors l'autre peloton sera divisé, moitié en renfort, moitié en soutien, ou réuni tout entier en soutien, la compagnie ne formant plus que deux échelons. Dans tous les cas, un fractionnement bien entendu donnera le moyen d'éviter les pertes; mais, en vue du maintien de la cohésion, il faudra le retarder le plus longtemps possible.

ARTICLE II.

Ouvrir et resserrer les intervalles.

292. Le mouvement d'ouvrir ou de resserrer les intervalles ne peut s'exécuter que sous un feu peu redoutable, ou lorsque les tirailleurs sont abrités.

293. On augmente le front de la chaîne en faisant ouvrir les intervalles entre les escouades, puis entre les files de chacune d'elles.

294. On diminue ce front en faisant serrer les files dans chaque escouade, et ensuite les escouades entre elles.

Dans les deux cas, on indique une escouade de base ou une file de direction.

ARTICLE III.

Marches.

295. Une compagnie marche en ordre de combat par les moyens prescrits à la première partie de l'école de compagnie.

Le capitaine donne au chef de la chaîne l'ordre de se mettre en marche et y joint les instructions nécessaires. Celui-ci indique la direction au caporal de l'une de ses escouades, et commande :

Telle escouade de direction,

En avant.

296. Chaque caporal indique la direction à la file la plus rapprochée de cette escouade, et il a soin de conserver son intervalle de ce côté. La chaîne gagne du terrain en se faisant éclairer par deux hommes détachés de chaque escouade (à l'instruction un seul homme peut suffire). Les tirailleurs s'efforcent de se soustraire à la vue et au feu de l'ennemi, et les caporaux groupent leurs escouades lorsque le terrain et les circonstances le permettent.

297. Pour franchir de grands espaces découverts, la chaîne s'avance par bonds successifs, comme il a été dit à l'école du soldat. Elle s'arrête et se remet en marche au commandement de son chef.

298. Le commandant du renfort et celui du soutien se conforment sans se hâter au mouvement de la chaîne, de manière à conserver leur position relative.

299. Si leur troupe est agenouillée ou couchée, ils la font relever et la portent en avant, par le commandement :

En avant.

300. Ils peuvent aussi porter leurs subdivisions sur un nouvel emplacement, en faisant exécuter le mouvement successivement, escouade par escouade, file par file ou homme par homme. On se conforme aux principes prescrits à l'école du soldat.

301. Les chefs du renfort et du soutien prennent toutes les dispositions nécessaires pour ne pas exposer inutilement leurs hommes, pour maintenir leur liaison avec les échelons voisins, et pour assurer l'exécution des ordres donnés par le capitaine ; ils font, s'il y a lieu, éclairer leurs flancs. *Dans ces mouvements ils ont soin que leurs hommes n'échappent ni à leur autorité ni à leur direction.*

302. Lorsque la compagnie doit s'arrêter, le capitaine en donne l'ordre au chef de la chaîne ; le chef de chaque échelon établit sa troupe sur l'emplacement le plus favorable et dans les dispositions les plus avantageuses. Si une position a été indiquée à l'avance pour les tirailleurs, leur chef les arrête quand ils y sont parvenus ;

les autres échelons se conforment à ce mouvement.

303. Les changements de direction sous un angle peu ouvert s'exécutent, sur l'ordre du capitaine, par les moyens prescrits à l'école du soldat. Le commandant de la chaîne établit dans la nouvelle direction l'escouade qui est au pivot; les autres escouades se conforment successivement à ce mouvement; le commandant du renfort et celui du soutien font appuyer leur troupe de manière à conserver leur position par rapport à la chaîne.

304. Si l'un des flancs se trouve menacé, et s'il devient nécessaire d'opérer un changement de direction sous un angle très-ouvert, le peloton de soutien est déployé en chaîne et en renfort dans la nouvelle direction; le peloton qui était déployé se rassemble et se place en soutien.

305. La marche en retraite s'exécute d'après les mêmes principes et par les mêmes commandements que la marche en avant, la compagnie ayant fait préalablement demi-tour.

ARTICLE IV.

Relever et renforcer les tirailleurs.

306. Comme il a été dit à l'école du soldat, il est sinon impossible, du moins fort difficile de relever les tirailleurs aux prises avec l'ennemi; cependant on peut avoir besoin d'exécuter ce mouvement, quand on n'est pas vivement engagé.

307. Lorsque le capitaine veut faire relever les tirailleurs (chaîne et renforts), il en donne l'ordre aux deux chefs de peloton; ceux-ci préviennent les chefs de section. Le soutien s'avance, puis se fractionne; une de ses sections s'établit en renforts, et l'autre relève la chaîne. Ce dernier mouvement s'exécute comme il a été prescrit à l'école du soldat. Pendant que le chef du peloton qui est relevé donne à l'officier qui lui succède toutes les indications utiles sur le terrain et la situation, le chef de section le plus élevé en grade ou le plus ancien rassemble en arrière le peloton qui va prendre la place de soutien.

308. Les tirailleurs sont renforcés par l'un des trois moyens indiqués à l'école du soldat. On y emploie, soit le renfort tout entier, soit des fractions constituées qui en sont successivement détachés, sur l'ordre du capitaine ou du chef de peloton; cependant, en cas de danger pressant, le chef du renfort peut sans attendre d'ordre et sous sa responsabilité, porter sur la chaîne tout ou partie de sa troupe.

309. Si l'on ne peut éviter le mélange des fractions constituées, les chefs de section, de demi-section et d'escouade se partagent, sous les ordres du chef de peloton, le commandement des fractions de la chaîne; ceux qui appartiennent à la troupe de renfort prennent le commandement de la moitié de gauche de chaque subdivision doublée; ils reçoivent de ceux qui sont déjà sur la chaîne les renseignements utiles sur le terrain, les distances de tir et la situation.

310. Dès que les circonstances le permettent, les officiers, sous-officiers et caporaux s'occupent de réunir les hommes par escouade. Le chef de la ligne fait ensuite placer les escouades dans leur ordre normal.

311. Quand le renfort se porte sur la chaîne pour donner au feu toute son efficacité, une partie du soutien vient prendre sa place.

312. En tout cas le capitaine doit garder aussi longtemps qu'il le pourra son soutien intact ; ce n'est que sur son ordre que ce soutien devra en totalité ou en partie se porter sur la chaîne des tirailleurs.

Article V.

Feux.

313. Les différents feux s'exécutent par les moyens prescrits à l'école du soldat. L'ordre de commencer le feu est donné, suivant le cas, avec les indications que comportent les circonstances par le capitaine ou par le chef de peloton déployé. Le commandant de la chaîne fait commencer le feu en indiquant la distance ; il l'évalue plutôt en moins qu'en plus, afin de se ménager le bénéfice des ricochets ; il détermine la direction et l'intensité du feu par l'intermédiaire des sous-officiers et caporaux ; il désigne des points de repère et fait au besoin tirer quelques coups d'essai qui permettent de régler le tir.

314. Lorsque le renfort et le soutien, en totalité ou en partie, se portent sur la chaîne, ils prennent part au feu des tirailleurs. S'ils sont tenus groupés sur un ou sur deux rangs, ils exécutent des feux de salve ou des feux rapides au commandement de leurs chefs ; ceux-ci reçoivent du chef de peloton ou du capitaine les renseignements nécessaires sur la direction à donner au feu et sur les distances.

315. Dans les feux de position en position, le chef de la chaîne peut avec avantage prescrire d'exécuter le mouvement par échelons ; ceux-ci se soutiennent mutuellement en alternant le feu et la marche.

316. Les échelons, toujours formés de fraction constituée, auront un front qui ne devra guère descendre au-dessous de 100 pas (75 mètres), de manière que la chaîne se subdivise en deux échelons.

ARTICLE VI.

Ralliement et rassemblement.

317. Le ralliement s'exécute, pour une fraction quelconque, au commandement de son chef, qui en a reçu l'ordre ou qui a reconnu lui-même la nécessité de ce mouvement. On se conforme aux principes prescrits à l'école du soldat. Les escouades se rallient d'abord à leur caporal, s'il y a lieu, elles se réunissent ensuite à leur sergent, puis à leur chef de section, et enfin au capitaine, de manière à former ainsi des groupes de plus en plus forts. Tout homme qui ne peut se mettre aux ordres de son chef immédiat se rallie au chef qui se trouve le plus près de lui.

318. Le ralliement n'implique pas du tout l'idée de retraite. Dans les cas particuliers où la retraite doit suivre le ralliement, elle ne commence que sur l'ordre d'un officier.

319. Lorsque les tirailleurs exécutent le ralliement, le commandant du renfort et celui du soutien se rapprochent autant que possible de la chaîne, et choisissent une position d'où ils puissent protéger efficacement les tirailleurs ralliés; ils reçoivent du capitaine les ordres que comportent les circonstances.

Les tirailleurs en se ralliant se placent en ligne sur un ou sur deux rangs, ou en cercle autour de leurs chefs.

Deux sections se rallient en colonne à six pas de distance; la subdivision de queue fait demi-tour.

Le compagnie se rallie en colonne de compagnie sur la section près de laquelle se trouve le capitaine.

320. A la suite de tout ralliement, aussitôt que les circonstances le permettent, les subdivisions exécutent le rassemblement, et reprennent leur formation normale. Le mouvement s'opère comme il a été prescrit dans la première partie.

ARTICLE VII.

Fonctionnement des divers échelons dans le combat de la compagnie.

321. La compagnie peut être supposée faire partie d'un bataillon ou combattre isolément; sa conduite n'est pas la même dans les deux cas. Dans le premier, elle se trouve appuyée à droite et à gauche par d'autres troupes; elle n'a donc qu'à agir droit devant elle; elle est soutenue en arrière par d'autres compagnies; toutes ses subdivisions peuvent donc, sans autre préoccupa-

tion, concourir à l'action décisive. Dans le second cas, la compagnie livrée à elle-même peut
souvent avoir à combattre de front et de flanc;
elle doit garder intacte jusqu'au moment décisif une portion de son soutien, comme dernière
réserve. Si celle-ci vient à être employée, il faut
faire tous ces efforts pour s'en constituer une
nouvelle en ralliant une portion des troupes
qui ont déjà été engagées.

322. Le mode d'action doit aussi varier,
suivant que la compagnie livre un combat offensif ou un combat défensif.

Offensive.

323. Les circonstances décident du moment
où la compagnie prend sa formation de combat.
Les escouades de la chaîne restent groupées;
chacune d'elles détache en avant deux éclaireurs; au besoin, celles des ailes en détachent
deux autres sur les flancs; le renfort et le soutien suivent à leur distance. La compagnie dans
cet ordre s'avance sans tirer jusqu'à ce que le
feu de l'ennemi devienne gênant pour la marche.
Alors les escouades se déploient en tirailleurs ;
les éclaireurs, choisis parmi les meilleurs tireurs, commencent un feu ajusté, pour inquiéter
l'ennemi. Lorsque ce feu devient insuffisant, la
chaîne rejoint les éclaireurs et commence à tirer. Le tir doit être lent et mesuré plutôt que
précipité. La marche en avant s'exécute par
bonds successifs alternant avec le feu ; plus près
de l'ennemi, elle se fait par échelons, le feu de
l'échelon arrêté protégeant le mouvement de
l'autre.
Le renfort et le soutien se conforment à la

marche des tirailleurs, en profitant, pour se couvrir, des abris que présente le terrain.

Pour mieux se dérober à la vue et au feu de l'ennemi, ces subdivisions peuvent se porter d'un abri à l'autre, escouade par escouade, file par file ou homme par homme; elles se rapprochent ainsi peu à peu de la chaîne, et des escouades tirées du renfort sont successivement envoyées sur les points où il devient nécessaire d'augmenter l'intensité du feu. Si pendant cette marche, l'ennemi tente une attaque sur le flanc, une portion du soutien est employée à la repousser.

Lorsqu'il devient impossible de continuer le mouvement en avant, on cherche à ébranler l'ennemi en jetant sur la chaîne le reste des renforts et même une fraction du soutien, et en fournissant un feu rapide aussi nourri que possible, qui suffira quelquefois pour déterminer l'adversaire à la retraite. Après quelques instants de ce feu, l'autre fraction du soutien se porte en avant en ordre serré, donne une nouvelle impulsion à la chaîne et l'entraîne à l'assaut. Les soldats mettent la baïonnette au canon; les tambours battent la charge, et les gradés enlèvent par le cri *En avant* les hommes qui se précipitent sur la position ennemie. Si ce premier élan ne permet pas à l'assaillant d'arriver sans tirer jusque sur l'adversaire, la marche en avant, par fractions échelonnées et par bonds successifs, est reprise de nouveau; on utilise les haltes, qui doivent être aussi courtes que possible, pour exécuter des feux rapides jusqu'à ce que la ligne entière se jette sur l'ennemi à la baïonnette.

Si elle est isolée, la compagnie, tout en attaquant l'ennemi de front, peut employer une partie de ses forces à une attaque de flanc; cette attaque peut même devenir la principale, l'autre n'étant destinée qu'à maintenir l'ennemi sur son front. Ces deux attaques doivent être simultanées, et, au moment de l'effort décisif, menées avec une égale énergie.

A l'instant de l'assaut, une portion du soutien est toujours gardée en réserve; elle est destinée à tenir tête à une contre-attaque possible, ou à protéger une retraite éventuelle. Cette réserve suit la troupe assaillante à une centaine de mètres.

Aussitôt que la compagnie a pénétré dans la position ennemie, le capitaine envoie en avant une partie des tirailleurs, qui poursuivent l'ennemi de leurs feux et cherchent à gagner le côté opposé; les autres subdivisions sont rapidement reformées par leurs chefs, et se préparent à repousser tout retour offensif.

Si l'attaque échoue, les troupes qui sont en arrière recueillent celles qui viennent d'être repoussées, et font tous leurs efforts pour arrêter la marche de l'ennemi.

Défensive.

324. La défensive est le mode de combat qui permet le mieux d'utiliser toute la puissance du feu et les abris du terrain; mais l'incertitude où se trouve le défenseur relativement aux forces employées par l'assaillant et à la direction de ses attaques, crée pour le premier l'obligation d'être prêt à chaque instant à faire face sur tous les points, et lui enlève presque toute initiative; ses moyens d'action se trouvent ainsi en partie paralysés; de plus, cette position d'attente agit défavorablement sur le moral du soldat. Il faut donc en sortir le plus tôt possible et prendre l'offensive dès que l'occasion se présente.

Dans la défensive, il ne se produit plus, comme dans l'attaque, des temps d'arrêt qui viennent diminuer les distances entre les échelons. La défense, qui subit l'initiative de l'attaque, doit dès le principe posséder des moyens de résistance suffisants et plus rapides; en conséquence, le renfort et le soutien doivent être plus rapprochés de la ligne de feu que dans l'offensive.

A mesure que l'assaillant se rapproche et que l'intensité de son feu augmente les renforts se portent successivement sur la ligne des tirailleurs pour donner à son tir la puissance nécessaire. Si l'ennemi menace un flanc, une portion du soutien est employée à repousser cette attaque; quand les circonstances s'y prêtent, le soutien peut même détacher une partie de ses forces pour prendre en flanc l'assaillant.

Au moment où l'ennemi marche à l'assaut après avoir exécuté le feu rapide, le soutien entre en ligne et contribue à repousser l'attaque.

Si la compagnie est isolée, le capitaine dispose son renfort et son soutien de manière à protéger ses ailes, qui sont généralement des points d'attaque désignés. Il garde une dernière portion de son soutien en réserve, afin de pouvoir exécuter une contre-attaque au moment où l'ennemi aborde la position. Cette contre-attaque est de préférence dirigée sur l'un des flancs.

325. La compagnie sera instruite de telle sorte que, tout en se conformant aux prescriptions réglementaires, elle arrive à se familiariser avec les différents modes d'action qui peuvent trouver leur application dans le combat. C'est ainsi qu'elle sera successivement supposée faire partie d'un bataillon en première ligne, ou agir isolément, soit dans un combat offensif, soit dans un combat défensif.

Le capitaine commencera par admettre les hypothèses les plus simples, puis il augmentera peu à peu les difficultés d'après les progrès réalisés. Il s'attachera surtout à faire distinguer par ses subordonnés les phases principales de l'action, la *préparation* et l'*exécution*, et à les faire ressortir nettement dans les simulacres de combat.

Tout en conservant la direction générale, il laissera aux chefs des différentes fractions constituées l'initiative que comporte leur grade, et à chacun d'eux le soin de s'occuper des détails dans sa subdivision.

La conduite de l'ennemi figuré sera réglée par le capitaine de telle sorte que les mouvements à exécuter soient la conséquence naturelle des manœuvres de l'adversaire, et que l'opération soit ainsi conduite en se rapprochant autant possible de ce qui se passerait réellement à la guerre.

CHAPITRE II.

Règles générales.

326. Les exercices du II⁰ chapitre ont pour objet d'habituer les chefs à appliquer les principes de tactique à des cas bien définis, à se servir de leur troupe dans un but donné, à profiter des circonstances favorables sans perdre de vue l'idée générale de l'action; ces exercices seront d'autant plus utiles qu'ils seront plus variés, et le capitaine augmentera considérablement l'intérêt en faisant naître des circonstances inattendues qui tiendront en éveil l'attention de ses subordonnés. En combinant les exercices du combat avec ceux du service en campagne, il arrivera à créer des situations instructives et intéressantes. Ces exercices ne peuvent être exécutés qu'en terrain varié.

Dans ce chapitre l'ennemi est *représenté* autant que possible avec la force effective qu'il aurait dans la réalité; les deux partis, tout en se conformant au programme donné par le capitaine, agissent d'après leur propre initiative, et règlent leur mouvement selon les circonstances du terrain et du combat.

Lorsque son effectif le permet, la compagnie est partagée en deux partis que l'on oppose l'un à l'autre; le capitaine dirige la manœuvre et fait les fonctions d'arbitre.

Il donne avant l'exercice, sous forme d'ordre verbal ou écrit, le plan général de l'opération à exécuter; cet ordre indique le but à atteindre, les conditions dans lesquelles est supposée la troupe, et le moment où la manœuvre doit commencer.

Chaque parti ne doit pas avoir connaissance de la force, de la position et de la mission du parti opposé.

Dans les débuts de l'instruction, le capitaine se fait rendre compte, par le commandant de chaque parti, des dispositions que celui-ci veut prendre; il peut les rectifier, s'il y a lieu, et donner les éclaircissements nécessaires.

Dans le cours de la manœuvre, les phases du

combat ne doivent pas se succéder trop rapidement; les officiers et sous-officiers renseignent les soldats sur les distances qui les séparent de l'ennemi; ils font tous leurs efforts pour leur faire apprécier l'importance du feu et diriger convenablement leur tir; ils exigent que les soldats visent toujours attentivement; pendant les pauses, ils leur expliquent les diverses situations de l'action et cherchent à éveiller leur intérêt et leur intelligence.

Le capitaine doit exiger qu'on se conforme au programme donné, que l'on observe les prescriptions du règlement, que les partis ne se rapprochent pas à plus de 100 mètres, et qu'ils conservent toujours l'ordre et le calme voulus. Si des fautes ont été commises, ou si une situation présente un intérêt particulier, il fait arrêter la manœuvre (1), rassemble les officiers et les sous-officiers, rectifie l'erreur commise ou donne les explications nécessaires; il fait ensuite recommencer, s'il y a lieu, la phase du combat. Pendant le cours de la manœuvre, il peut renforcer l'un des partis, modifier les ordres donnés de manière à changer la situation; chaque chef de parti est ainsi appelé à prendre rapidement ses résolutions, et à faire varier immédiatement les dispositions de sa troupe.

Lorsque l'instruction progresse, le capitaine laisse une initiative de plus en plus grande aux chefs des partis opposés. Comme directeur

---

(1) La sonnerie *Halte!* précédée du *Garde à vous!* est toujours un signal auquel toutes les fractions de la compagnie s'arrêtent dans les positions où elles se trouvent.

La sonnerie *En avant!* précédée du *Garde à vous!* est le signal général de la reprise de la manœuvre.

de la manœuvre, il n'intervient que dans le cas d'absolue nécessité.

327. Comme arbitre, le capitaine s'attache à surveiller la marche du combat sur les points importants: il s'assure qu'on tient compte des effets possibles ou probables du feu; il décide à l'occasion quel est le parti qui est battu, à quelle distance ce parti doit se retirer, si une fraction de troupe doit être regardée comme mise hors de combat et pour combien de temps; il fait recommencer une attaque mal préparée ou mal dirigée.

Les indications suivantes serviront de guide à l'arbitre pour prendre ses décisions :

Le feu doit être exécuté avec calme, dirigé sur l'endroit convenable, ralenti ou renforcé suivant les circonstances.

Une fusillade désordonnée et des feux de salves précipités seront jugés très-sévèrement ou regardés comme inefficaces.

L'attaque de front d'une troupe massée contre une autre postée et faisant feu sera généralement regardée comme repoussée, à moins de circonstances éminemment favorables.

Une troupe bien disposée et bien soutenue qui en attaque une autre après une préparation suffisante par le feu, peut être regardée comme victorieuse, surtout si l'attaque de front se combine avec une attaque de flanc.

Une troupe sans réserve, ou qui ne s'en constituera pas une nouvelle après avoir employé sa réserve primitive, sera considérée comme se trouvant dans une position défavorable.

Une troupe qui ne couvre ni son front ni ses flancs, ou qui ne se relie pas aux troupes voisines, sera considérée comme commettant une faute grave.

L'arbitre s'assure de plus que les divers détachements n'occupent pas une trop grande étendue de terrain, que les mouvements ne présentent pas des situations anormales ou dangereuses, que les sonneries ne sont employées qu'avec la plus grande réserve et dans le cas d'absolue nécessité.

Les décisions des arbitres s'appliquent aussi bien à des tirailleurs isolés qu'à des subdivisions entières; on doit s'y conformer sans retard et sans hésitation.

Les arbitres seront reconnaissables à un signe distinctif dans leur tenue.

328. Lorsque la manœuvre est terminée, le capitaine réunit les officiers et les sous-officiers et fait la critique sur le terrain même. Chaque commandant de parti expose en peu de mots la manière dont le mouvement a été exécuté, la suite des opérations et les raisons de sa conduite; les arbitres qui ont pu être adjoints au capitaine rendent compte des décisions qu'ils ont prises et des motifs qui les ont amenées; enfin le capitaine indique en détail les remarques qu'il a faites, aussi bien sur la conduite des commandants de partis que sur la manière dont la manœuvre a été exécutée; il explique comment on eût dû procéder, de telle sorte que ses observations puissent être mises à profit pour les exercices suivants.

329. Quand les compagnies sont suffisamment instruites, on oppose une compagnie à une autre; dans ce cas le chef de bataillon arrête le programme, dirige la manœuvre et remplit le rôle d'arbitre; si l'effectif n'est pas suf-

fisant, on se conforme aux prescriptions générales du n° 1 de la première partie.

330. La pratique de ces exercices d'application habituera les officiers et les sous-officiers à
prendre rapidement une décision d'après le terrain et les circonstances du combat, à diriger
constamment l'action de leur troupe, à obtenir
sans bruit une exécution immédiate et rapide
de tous les mouvements; de cette manière, le
jour du combat, ils tiendront leurs hommes dans
la main et sauront mieux s'en faire obéir.

En guerre, la compagnie ne trouvera pas toujours l'occasion d'appliquer tous les principes
développés ci-après; généralement même son
champ d'action se trouvera limité et restreint
par le voisinage des autres compagnies du bataillon, et l'initiative du capitaine sera subor-
donnée à la direction supérieure; il n'en est pas
moins vrai que l'instruction acquise par la compagnie dans ces simulacres de combat ne con-
tribuera pas peu à lui donner la souplesse et
l'élasticité, qui la rendront propre à remplir
efficacement son rôle dans le bataillon.

ARTICLE Ier.

Défense et attaque d'une position.

1° Défense d'une position.

331. La défense d'une position comprend
habituellement quatre périodes distinctes :
1° Reconnaissance et occupation ;
2° Approche et reconnaissance de l'ennemi;
3° Combat ;
4° Poursuite ou retraite.

Reconnaisance de la position.

232. L'occupation d'une position doit toujours être précédée d'une reconnaissance du terrain, qui a surtout pour objet de déterminer le point que choisira probablement l'ennemi pour son attaque ; cette reconnaissance porte sur les points importants, la ligne de défense, ses abords et ses flancs, et enfin sur les voies de communication en avant et en arrière.

La reconnaissance, précédée autant que possible, et en tout cas accompagnée d'un examen attentif de la carte fait ressortir tous les avantages que peut offrir la position au point de vue offensif ou défensif.

La position est d'autant plus avantageuse qu'elle permet de passer plus facilement de la défensive à l'offensive.

Il existe généralement sur toute position un point dont l'occupation assure ou facilite la possession de la ligne entière, soit parce qu'il domine le terrain à défendre, soit parce qu'il commande la ligne de retraite que l'on doit suivre. Ce point, véritable clef de la position, doit être tout d'abord recherché et reconnu avec soin. Puis on étudie la ligne de défense. Cette ligne, tout en se pliant aux formes du terrain, ne doit pas faire d'angles trop saillants ; elle doit avoir en avant d'elle un champ de tir découvert, de telle sorte que l'adversaire reste longtemps sous le feu de la défense ; enfin elle doit être tellement disposée que ses diverses parties se prêtent un mutuel appui et ne soient pas séparées par des obstacles infranchissables. On porte son attention sur les points faibles et

notamment sur les ailes, qui ont souvent besoin
d'être renforcées; enfin on recherche les abris
qui peuvent se trouver sur la ligne de défense
ou dans l'intérieur de la position.

Une position défensive peut être telle, par sa
nature, par les voies de communication qui y
conduisent, que la manière de la défendre s'impose nécessairement. Les dispositions à prendre et les travaux de défense à exécuter, abatis, tranchées-abris, etc. peuvent alors être
préparés sûrement et à l'avance.

Quand, au contraire, les dispositions de la
défense dépendent de la direction de l'attaque,
on se borne à bien reconnaître la position et à
étudier les mesures à prendre, suivant que
l'ennemi prononcera son mouvement dans un
sens ou dans l'autre. Dans ce cas, on tient le
gros de la troupe à l'abri, dans une position à
peu près centrale, et l'on envoie des patrouilles
assez loin pour signaler l'approche de l'ennemi et la direction qu'il suit.

Enfin, lorsqu'il est possible de prévoir la direction probable de l'attaque, on recherche les
emplacements où l'ennemi peut établir son artillerie, et l'on détermine en conséquence les
dispositions que doit prendre la défense et les
travaux qu'elle peut exécuter.

Occupation de la position.

333. Suivant la proximité de l'ennemi, la
compagnie arrive sur la position en ordre de
combat ou en ordre de marche.

Dans le premier cas, les tirailleurs s'arrêtent
sur la position à défendre; les éclaireurs poussent en avant et sur les flancs pour observer;

les autres échelons de la compagnie choisisse
pour s'arrêter les points abrités.

Dans le second cas, la compagnie est cou
verte par une avant-garde ; les éclaireurs dé
passent la ligne à occuper et cherchent e
avant et sur les flancs les points d'où ils pour
ront découvrir et observer l'ennemi ; l'avan
garde s'établit sur la position; le capitaine ar
rête le gros de la compagnie sur un point cen
tral, à l'abri des vues de l'adversaire; et, sous
protection de l'avant-garde, il exécute la re
connaissance prescrite. Aussitôt sa reconnais
sance terminée, le capitaine fait prendre à l
compagnie sa formation de combat, et indiqu
à chaque subdivision l'emplacement à occup
et les travaux à exécuter.

Chaque chef de subdivision étudie aussité
non-seulement le terrain en avant de lui, ma
encore celui qui se trouve en avant des subdi
visions voisines; il cherche des points de repèr
et apprécie les distances de tir; il les indiqu
à ses subordonnés; si sa fraction de trou
forme le renfort ou le soutien, il signale les d
rections les meilleures à suivre pour se port
sur la ligne de défense.

Si le combat ne doit pas s'engager immédi
tement, le capitaine ne dispose en avant que
nombre d'hommes nécessaire pour la survei
lance du terrain et l'exécution des travaux,
laisse le gros de la compagnie à l'abri des vu
de l'ennemi dans une position d'expectative,
se couvre par les moyens prescrits pour le se
vice en campagne.

Approche et reconnaissance de l'ennemi.

334. A l'approche de l'ennemi les éclaireu

les patrouilles envoyées en avant renseignent le capitaine sur la force de l'adversaire, sur les dispositions qu'il a prises, ainsi que sur la direction de son attaque ; leur première résistance peut forcer celui-ci à se déployer et à dévoiler ses intentions ; le capitaine règle en conséquence ses dernières dispositions.

Combat.

335. Lorsque l'ennemi prononce son attaque, les tirailleurs le reçoivent par leur feu, ils appliquent les principes donnés à l'école du soldat. Les chefs de section et d'escouade dirigent le feu de manière à faire le plus de mal possible à l'ennemi et à arrêter sa marche ; ils font tirer sur les groupes, les officiers, les soutiens, les avenues suivies par les réserves ; ils font ménager les munitions, et règlent l'intensité du feu suivant le besoin.

Tant que l'ennemi est éloigné, le feu est exécuté seulement par les éclaireurs embusqués en avant de la chaîne, si l'ennemi se rapproche, les éclaireurs rentrent, le feu lent est exécuté par toute la ligne, une partie de la chaîne répond aux tirailleurs ennemis, tandis que l'autre dirige son feu sur les soutiens et les réserves de l'adversaire.

La ligne de défense est successivement renforcée, comme il a été dit au premier chapitre, le tir augmente peu à peu d'intensité jusqu'au moment où le feu rapide doit arrêter l'assaillant.

Le feu de salve peut être avantageusement employé aux grandes distances contre des troupes massées.

Les gradés suivent attentivement les mouvements de l'ennemi et se gardent des surprises, surtout aux ailes.

Pour répondre aux conditions que doit remplir une défense bien conduite, on doit profiter de tous les moments favorables, pour prendre l'offensive et exécuter des contre-attaques.

Contre-attaque.

336. En terrain couvert, la contre-attaque n'est exécutée que par des fractions du soutien qui cherchent à prendre en flanc l'adversaire pendant qu'il s'engage de front ; ces contre-attaques doivent être courtes et énergiques ; l'ennemi repoussé, les fractions de troupe qui les ont exécutées reprennent leur poste; si elles échouent, elles se replient sans tarder, de manière à éviter d'être coupées.

En terrain découvert, où l'on peut diriger facilement ses troupes et agir avec ensemble, la contre-attaque est exécutée avec toutes les fractions disponibles.

Le moment le plus favorable pour toutes ces contre-attaques est généralement celui où l'assaillant, arrivé à courte portée de la défense masque le tir de sa propre artillerie. Il faut toujours choisir l'instant où l'attaque ennemie hésite et s'arrête; car alors l'ascendant moral est sur le point de passer chez le défenseur, et un effort vigoureux peut avoir raison de l'attaque.

Si la compagnie fait partie d'un bataillon, ces contre-attaques doivent être exécutées par les compagnies qui constituent la réserve du bataillon.

Le capitaine peut encore, si le terrain le permet, embusquer sur le flanc de l'assaillant une ou deux escouades qui agissent par des feux de salve, lorsque l'ennemi est à petite portée des défenseurs. Cette attaque imprévue produira un meilleur effet qu'une charge à la baïonnette, qui arrêterait le feu direct de la défense.

Si l'ennemi pénètre dans la position, toutes les forces de la défense doivent se jeter sur lui pour le chasser et rétablir le combat.

Une compagnie peut résister avantageusement aux attaques de flanc de l'ennemi, en utilisant les accidents de terrains de peu d'étendue, tels que mamelons, bouquets d'arbres, maisons, etc.; ces points d'appui, solidement occupés par une ou deux escouades, peuvent servir alors de pivot à une partie de la ligne de tirailleurs, et lui permettre de faire face à l'attaque de l'adversaire.

Si l'ennemi étend démesurément son front pour envelopper les ailes de la défense, le capitaine prend résolûment l'offensive et cherche à profiter de l'extension de la ligne ennemie pour attaquer ses points faibles, soit sur le centre, soit sur une des ailes ; en cas d'insuccès, il évacue la position avant d'être enveloppé. Les mouvements enveloppants ne réussissent pas devant un ennemi entreprenant, qui sait à propos passer de la défensive à l'offensive ; mais ils ont, au contraire, beaucoup de chances de succès contre un ennemi qui reste sur la défensive passive et qui laisse achever la manœuvre tournante.

Poursuite:

337. La ténacité de la défense, l'emploi judicieux du terrain, l'entrée successive en ligne du renfort et du soutien, une contre-attaque énergique, peuvent arrêter l'élan de l'assaillant et le forcer à se retirer.

Dans ce cas, on poursuit l'ennemi par des

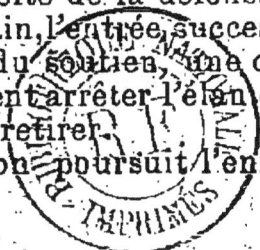

feux, et l'on cherche à lui faire subir le plus
de pertes que l'on peut. Si la sécurité de la
position à défendre ne risque pas d'être com-
promise, on peut aussi se mettre à la poursuite
de l'ennemi; les fractions désignées ne doivent
pas prolonger cette poursuite outre mesure,
pour ne pas s'exposer à être coupées; elles se
gardent des embuscades.

Retraite.

338. A moins d'ordres contraires, tout capitaine chargé de la défense d'une position ne
doit battre en retraite qu'à la dernière extrémité et après une défense à outrance.

La retraite d'une troupe vivement engagée
est une opération difficile qui a souvent besoin
d'être préparée par une offensive vigoureuse,
destinée à arrêter l'élan de l'ennemi et à dégager les subdivisions compromises.

Le capitaine a dû reconnaître à l'avance la
ligne de résistance sur laquelle il peut le mieux
tenir tête de nouveau à l'adversaire.

Il la fait occuper par une partie de la compagnie, et dégage par une attaque brusquée
les subdivisions engagées; celles-ci se retirent
rapidement en démasquant la troupe postée en
arrière, le feu de cette fraction protége leur
mouvement.

D'autres fois, au contraire, si, par suite des
ordres donnés, la résistance n'a pas été poussée
jusqu'à la dernière extrémité, et si l'ennemi est
moins pressant, la chaîne de tirailleurs peut
se retirer par fraction; le capitaine établit
son soutien dans la position qu'il a choisie, sur
le côté autant que possible; les fractions engagées se retirent successivement sur la ligne

du soutien; les escouades restées les dernières masquent par un feu vif le mouvement des autres; elles se retirent ensuite rapidement.

La compagnie se retire ainsi de position en position; lorsqu'elle traverse un terrain très-couvert, des bois ou des hautes cultures, le capitaine concentre les escouades; celles-ci redoublent d'attention pour maintenir entre elles leurs communications, et assurent leurs flancs; on franchit vivement les passages dangereux et l'on prend de préférence position au-delà; on cherche à arrêter la marche de l'ennemi au moyen d'embuscades. Lorsque le rassemblement de la compagnie est devenu possible, celle-ci prend sa formation de route et couvre sa marche au moyen d'une arrière-garde; elle fait surveiller ses flancs afin de ne pas être coupée de sa ligne de retraite.

2º Attaque d'une position.

339. L'attaque d'une position comprend également quatre périodes distinctes :

1º Reconnaissance d'une position ;

2º Préparation de l'attaque ;

3º Combat ;

4º Poursuite ou retraite.

Reconnaissance de la position.

340. Le capitaine reconnaît sur la carte le terrain où il doit agir ; il l'étudie au point de vue de la marche vers la position ennemie et de la direction à donner à son attaque ; il re-

cherche avec soin, comme il a été dit à propos
de la défense, la clef de la position, qui doit
être l'objectif de l'effort définitif ; mais il
ne perd pas de vue que souvent il sera avantageux de s'emparer d'abord d'un autre point
dont l'occupation préparera et facilitera celle
de cet objectif ; il examine quelle peut être la
ligne de retraite de l'ennemi, et quelle route
lui-même devra suivre, dans le cas où il serait
forcé de se retirer; il détermine en conséquence
les dispositions à prendre.

Une ligne de défense a toujours des points
faibles, tels que les saillants et les ailes; c'est
sur ces points qu'il faut s'avancer de préférence. A moins que la situation de l'ennemi ne
soit connue à l'avance, la compagnie s'approche
de la position en ordre de marche ; les éclaireurs s'avancent à couvert aussi près que possible, et s'efforcent de gagner des points d'où
ils découvrent la position ennemie ; dès qu'ils
aperçoivent l'adversaire, ils en préviennent le
capitaine, qui fait prendre à la compagnie son
ordre de combat.

Couvert par ses éclaireurs, le capitaine exécute ensuite la reconnaissance prescrite, et apprécie par lui-même la situation ; il cherche à
se rendre compte des facilités qu'offrent les
abords de la position pour en approcher sûrement ; il arrête le plan de l'opération. S'il le
peut, il réunit ses officiers et ses sous-officiers,
leur développe ses intentions, indique à chacun
la tâche qu'il doit remplir et le point de ralliement en cas d'insuccès; puis il prend rapidement ses dernières dispositions.

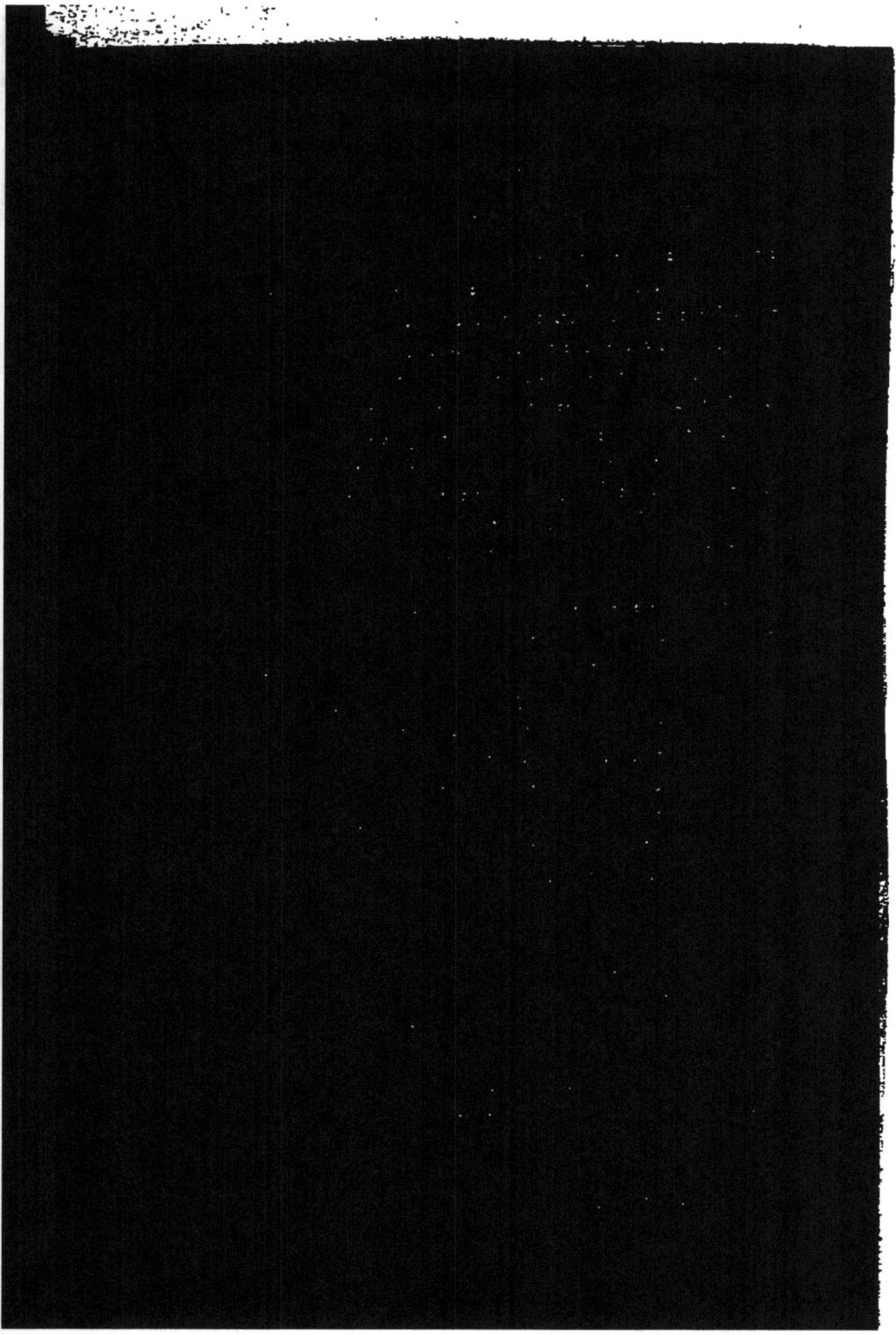

Souvent le feu suffira pour déterminer le défenseur à quitter la position. Dans le cas contraire, après une préparation convenable par le feu et lorsqu'on jugera l'adversaire suffisamment ébranlé, on n'hésitera pas à attaquer à la baïonnette avec entrain et résolution, comme il a été dit dans le premier chapitre.

On s'apercevra que l'ennemi est ébranlé lorsqu'il se manifestera une grande hésitation dans ses mouvements, lorsque ses soutiens et sa réserve se porteront précipitamment sur la ligne, enfin lorsque son feu subira un ralentissement marqué.

Poursuite ou retraite.

842. Si l'ennemi abandonne la position et se retire, les tirailleurs le poursuivent par un feu des plus vifs, gagnent autant que possible le côté opposé de la position, quand il n'est pas très-éloigné, et s'y établissent, de manière à pouvoir résister à un retour offensif. Dans le cas contraire, le capitaine arrête les tirailleurs ; ceux-ci continuent la poursuite par leur feu.

Aussitôt qu'il le peut, le capitaine fait occuper par la fraction disponible du soutien le point dont il vient de s'emparer ; il profite du premier moment de répit pour reformer sa troupe et remettre ses unités dans leur ordre normal.

Lorsque la position a été conquise et son occupation suffisamment assurée par de rapides dispositions, on s'efforce de faire subir à l'ennemi le plus de pertes que l'on peut, et on l'empêche de s'établir à portée dans une nouvelle position. Une partie de la compagnie est char-

gée de la poursuite; on profite du premier
succès pour pousser d'une position sur une autre, même en brusquant les mouvements offen-
sifs, pour ne pas permettre à l'ennemi d'or-
ganiser de nouvelles lignes de défense. On
cherche à lui couper la retraite en débordant
une de ses ailes; on se garde avec soin des embuscades.

Si, au contraire, l'ennemi résiste aux attaques, et si la troupe assaillante est rejetée, les
diverses subdivisions, protégées par le feu de
la dernière fraction du soutien que le capitaine
a laissé en réserve, se retirent rapidement sur
le point indiqué.

Le capitaine s'attache à démontrer aux hommes que la retraite, si rapidement qu'elle soit
exécutée, est le mouvement qui expose une
troupe aux pertes les plus considérables, et
qu'il est toujours préférable de marcher en
avant.

La fraction du soutien restée en position doit
tout faire pour arrêter l'ennemi; sous sa protection, la compagnie se réforme et cherche à
reprendre l'offensive; si elle est obligée de battre en retraite, elle opère comme dans le cas
de la défense.

———

343. Les recommandations qui précèdent
s'appliquent à l'attaque et à la défense d'une
position en général; mais il se présente, à la
guerre, des situations particulières qui exigent
des procédés d'exécution qu'il est utile d'indiquer: Tels sont les combats de défilés, de bois,
de lieux habités, etc.

Il est bien entendu que, dans les exemples

qui vont suivre, toutes les positions sont
posées n'avoir qu'une étendue proportio
à l'effectif de la troupe agissante, une c
pagnie.

ARTICLE II.

Défense et attaque d'un défilé.

1° Défense d'un défilé.

344. On entend par défilés les pass
resserrés qui ne peuvent être franchis que
un front restreint. Les uns, tels que les
gorges, petites vallées, etc., ont leurs fl
plus ou moins praticables; les autres, tels
les ponts, digues, gués; ont leurs flancs i
cessibles. Parmi ces derniers il y a encore
de distinguer ceux dont les flancs, quo
inaccesssibles aux troupes, peuvent être ba
par le feu.

Quelle que soit la nature des défilés
combats qui s'y livrent présentent un carac
commun : l'importance qu'on doit attach
la possession des issues, autour desquelle
concentrent tous les efforts de l'attaque et
la défense.

On défend généralement un défilé en arr
mais la configuration du terrain et les circ
tances obligent souvent de le défendre en av
et même à l'intérieur.

Défense d'un défilé en arrière.

345. Pour défendre un défilé en arrièr
compagnie est établie comme pour la déf

d'une position; seulement la chaîne de tirailleurs est disposée de manière à battre le défilé
et à couvrir le débouché de feux convergents.

Pour que les renforts et les soutiens puissent entrer en ligne en temps utile, ils sont
placés de préférence sur les voies de communication, de manière à fournir des feux croisés
sur l'ennemi, lorsqu'il cherche à se déployer
après avoir forcé le passage. S'il s'agit d'un
pont, les extrémités de la chaîne de tirailleurs
doivent être placées de telle sorte qu'elles ne
puissent pas être enfilées par les feux partant
de l'autre rive. On poste des tirailleurs le long
des berges de la rivière, de manière à battre
les abords du pont; il est très-utile d'en détruire les parapets; le tablier et les arches ne
doivent être mis hors de service que sur un
ordre spécial.

Défense d'un défilé en avant.

346. La compagnie est fractionnée comme
pour la défense d'une position; les tirailleurs
sont placés de manière à défendre les avenues
qui aboutissent au défilé, à une distance telle
que le feu de mousqueterie de l'ennemi ne puisse
pas en battre efficacement l'entrée. Le renfort est
placé au débouché en avant; quant au soutien, si
le défilé a une certaine longueur, il est placé
dans l'intérieur, en un point d'où il puisse enfiler la route; si, au contraire, le défilé est court,
le soutien est placé au débouché qui se trouve
en arrière, de manière à défendre cette issue et à
protéger la retraite. Pour un pont ou un gué,
des fractions du soutien sont placées le long du
bord opposé à l'ennemi, de manière à flanquer
la ligne de tirailleurs qui occupe l'autre rive.

Défense d'un défilé à l'intérieur.

347. Pour défendre un défilé à l'intérieu.
choisit un point où le passage s'élargit, et l
établit une ligne de défense assez étendue,
dis que l'ennemi est obligé de déboucher pa
front étroit et par un chemin difficile. Si les fl
sont praticables, comme dans une petite va
on a le soin d'occuper les hauteurs de droi
de gauche qui dominent le fond de la vallé
l'on détache sur les ailes des éclaireurs qui p
gent la troupe contre tout mouvement tourn
    Dans tous ces cas particuliers, la disposi
des échelons et leur fonctionnement dan
combat sont les mêmes que précédemm
Une portion du soutien doit toujours être
posée de telle sorte qu'elle puisse prendre
fensive à un moment donné.

Retraite.

348. Lorsque par suite d'ordres donné
doit se retirer, on choisit pour cette opéra
un temps d'arrêt dans le combat ou bie
moment qui suit une attaque infructueus
l'ennemi. Les tirailleurs accélèrent leur feu
masquer le mouvement de retraite du souti
du renfort. Ceux-ci vont prendre rapide
position en arrière; les tirailleurs se reti
soit tous ensemble à la course, soit succes
ment; les subdivisions les mieux placées
défendre l'entrée quittent leur emplacemen
dernières. La compagnie, dans cette retr
profite de toutes les positions favorables,
faire face à l'ennemi et l'arrêter par un
vigoureux.

2° Attaque d'un défilé.

Défilés à flancs accessibles.

340. L'attaque d'un défilé dont les flancs sont accessibles, d'une vallée, par exemple, se fait, tant que l'ennemi défend le défilé en avant, d'après les principes prescrits pour l'attaque d'une position. On choisit pour objectif le point dominant qui commande le mieux l'intérieur du défilé.

Dès que la troupe assaillante a pu pénétrer dans la vallée elle dispose sa chaîne de tirailleurs dans le fond et sur les versants en portant ses ailes en avant. Les escouades extrêmes suivent les crêtes; le renfort est disposé, soit en arrière du centre, soit en arrière des ailes; une partie du soutien est dirigée sur la crête qui commande le mieux le défilé. Dans les montagnes, on doit s'attacher à tirer parti des hauteurs qui dominent les passages et à rechercher les sentiers latéraux. Quelques hommes qui ont réussi à gagner les flancs ou les derrières de l'ennemi, l'inquiètent toujours et suffisent quelquefois à lui faire abandonner la position.

Si la longueur du défilé est assez considérable, la marche en avant s'exécute méthodiquement et avec précaution. On cherche à s'emparer successivement des positions dont la possession doit déterminer la retraite de l'ennemi.

A cet effet, le capitaine désigne aux tirailleurs les points d'où ils peuvent préparer l'attaque; il les fait renforcer de manière à leur donner la supériorité du feu et à éloigner les défenseurs. La partie du soutien qui suit la

crête dominante exécute vivement l'attaque
principale; le centre poursuit sa marche en
avant et appuie l'aile qui a pris l'offensive.
L'assaillant cherche à arriver à la sortie du
défilé en même temps que l'ennemi ; dès
qu'il franchit le débouché, il ne reste pas massé, et se déploie de manière à gagner assez
de terrain en avant pour empêcher l'adversaire
de le battre de ses feux croisés.

Si le défilé est très-court, aussitôt que l'entrée est forcée, on cherche à le traverser rapidement à la suite du défenseur.

En tous cas, une partie du soutien est lais-
sée en arrière, de manière à assurer une retraite éventuelle.

Défilés à flancs inaccessibles

250. Un défilé, un pont par exemple, tout
en ayant ses flancs inaccessibles, peut être d'une
nature telle que les feux de l'assaillant battent
efficacement le terrain occupé par le défenseur;
dans ce cas, on prend, sur la rive que l'on pos-
sède, des positions d'où la chaîne des tirailleurs, suffisamment renforcée, puisse éloigner
les tirailleurs ennemis et ébranler la défense.
Ce n'est que lorsque cette préparation est complète qu'une partie du soutien peut tenter une
attaque et s'élancer sur le pont. Les tirailleurs
restés sur la rive fournissent des feux flanquants
qui facilitent l'action du soutien; lorsque celui-ci
est installé solidement sur le bord opposé, ils
traversent le pont à leur tour et forment le soutien de la nouvelle ligne. Dès qu'on atteint ce
débouché, l'opération est continuée comme dans
le cas précédent; on gagne assez de terrain en
avant pour éviter des feux croisés. Le capitaine

garde toujours une dernière réserve dans sa main.

Si le pont est défendu en avant, le capitaine cherche à préparer son attaque en s'emparant d'un point dominant qui en commande l'entrée et d'où il puisse forcer le défenseur à se retirer; il peut encore, si le centre de la ligne ennemie fait une grande saillie en avant, faire une attaque simulée contre ce centre, pendant que la véritable est exécutée par une partie du soutien contre une des ailes, de manière à la rejeter dans le défilé. Cette attaque du soutien doit être dirigée de telle sorte que les troupes ne soient pas prises en flanc par le feu des défenseurs placés sur l'autre rive.

Si un défilé à flancs inaccessibles est de nature telle que les feux de l'assaillant ne puissent pas battre efficacement le terrain occupé par le défenseur, on concentre le feu de l'attaque sur l'entrée même du défilé, puis on lance sa troupe successivement par fractions; les dernières subdivisions cherchent à déboucher et à gagner du terrain en avant, sous la protection de celles qui auraient réussi à se maintenir.

ARTICLE III.

Défense et attaque d'un bois.

1º Défense d'un bois.

351. La défense d'un bois est basée sur les mêmes principes que celle d'une position, mais elle présente le caractère particulier suivant : la ligne de défense se trouve nécessairement sur la lisière, et celle-ci doit être conservée à tout prix, car elle permet de combattre à couvert en gardant un champ de tir favorable. Dès que l'ennemi a pénétré dans le bois, le défenseur perd cet avantage ; mais, en raison de la connaissance du terrain qu'il a pu acquérir, il a encore pour lui la faculté de se mouvoir plus rapidement et plus sûrement que l'adversaire.

La défense d'un bois passe habituellement par les phases suivantes :

1° Reconnaissance ;

2° Occupation ;

3° Combat ;

4° Poursuite ou retraite.

Reconnaissance.

352. La reconnaissance préliminaire porte sur l'étendue et la nature du bois, ses parties praticables (futaies, jeunes coupes, broussailles) et ses parties impraticables (taillis épais, marécages, etc.) ; sur les chemins et les sentiers qui sont parallèles ou perpendiculaires à la lisière ; sur la lisière elle-même, ses rentrants, ses saillies et ses abords ; sur les éclaircies, clairières, cours d'eau, coupures, qui existent dans l'intérieur ; et enfin sur le point le plus favorable pour rallier la compagnie en cas de retraite.

Occupation.

353. Les tirailleurs se placent comme il a été prescrit à l'école du soldat ; ils occupent le voisinage des routes et des chemins, les saillants, les points de la lisière où le terrain se relève, et les rentrants d'où ils peuvent fournir des feux flanquants.

Le renfort est fractionné et rapproché de la

ligne de tirailleurs ; on le répartit en arrière des points les plus exposés.

Le soutien est placé à une coupure du bois parallèle à la lisière, pour former une deuxième ligne de défense, ou à un carrefour important, pour se porter facilement dans toutes les directions ; une partie du soutien est disposée pour garder les flancs et prévenir les mouvements tournants, s'ils sont à craindre. Plus le bois est épais, moins grandes sont les distances du renfort et du soutien à la ligne de tirailleurs.

Combat.

354. Les tirailleurs défendent la lisière par un feu bien ajusté ; les escouades de renfort les appuient lorsqu'il est nécessaire. Si l'ennemi aborde la lisière, une partie du soutien, dirigée contre lui, attaque de front ou de flanc la ligne ennemie sur un point, de manière à la percer et à la rejeter hors du bois.

La possession du bois dépendant surtout de celle de la lisière, on devra s'attacher à renforcer cette ligne de défense par tous les moyens praticables, abatis, tranchées-abris, barricades défendant les chemins, fils de fer tendus d'un arbre à l'autre, branches courbées à hauteur d'hommes et reliées les unes aux autres au moyen de harts.

Poursuite.

355. Si l'attaque ennemie échoue, la poursuite se fait d'après les indications données à propos de la défense d'une position.

Retraite.

356. Pour la retraite, on se conforme aux recommandations suivantes :

En se retirant à travers le bois, les chefs de subdivision doivent tenir leurs hommes réunis, et se relier entre eux au moyen d'éclaireurs et à l'aide de signaux. Si le bois est très-épais, on suit les chemins ou l'on diminue les intervalles entre les escouades. Les tirailleurs passent rapidement d'une position à l'autre ; ils défendent les coupures successives, clairières, éclaircies, carrefours, ravins, cours d'eau. Les officiers profitent de ces temps d'arrêt pour rétablir l'ordre, rallier leurs hommes et s'orienter sur la direction du combat.

On surveille les flancs avec la plus grande attention, et l'on cherche à tendre une embuscade à l'ennemi, s'il poursuit trop vivement. Un combat à l'intérieur d'un bois est très-difficile à diriger ; il amène la confusion aussi bien chez l'assaillant que chez le défenseur ; par suite, le succès appartient presque forcément à celui qui tient le mieux sa troupe dans la main ; de plus, ces combats facilitent les surprises et les embuscades. Une contre-attaque sur le flanc ou sur les derrières de l'adversaire peut avoir souvent pour résultat d'amener un ennemi presque victorieux, mais surpris et en désordre, à abandonner un bois à moitié conquis.

En quittant le bois, le capitaine rallie promptement la compagnie et se retire lestement hors de portée efficace du fusil ; il a dû faire préalablement occuper par une portion

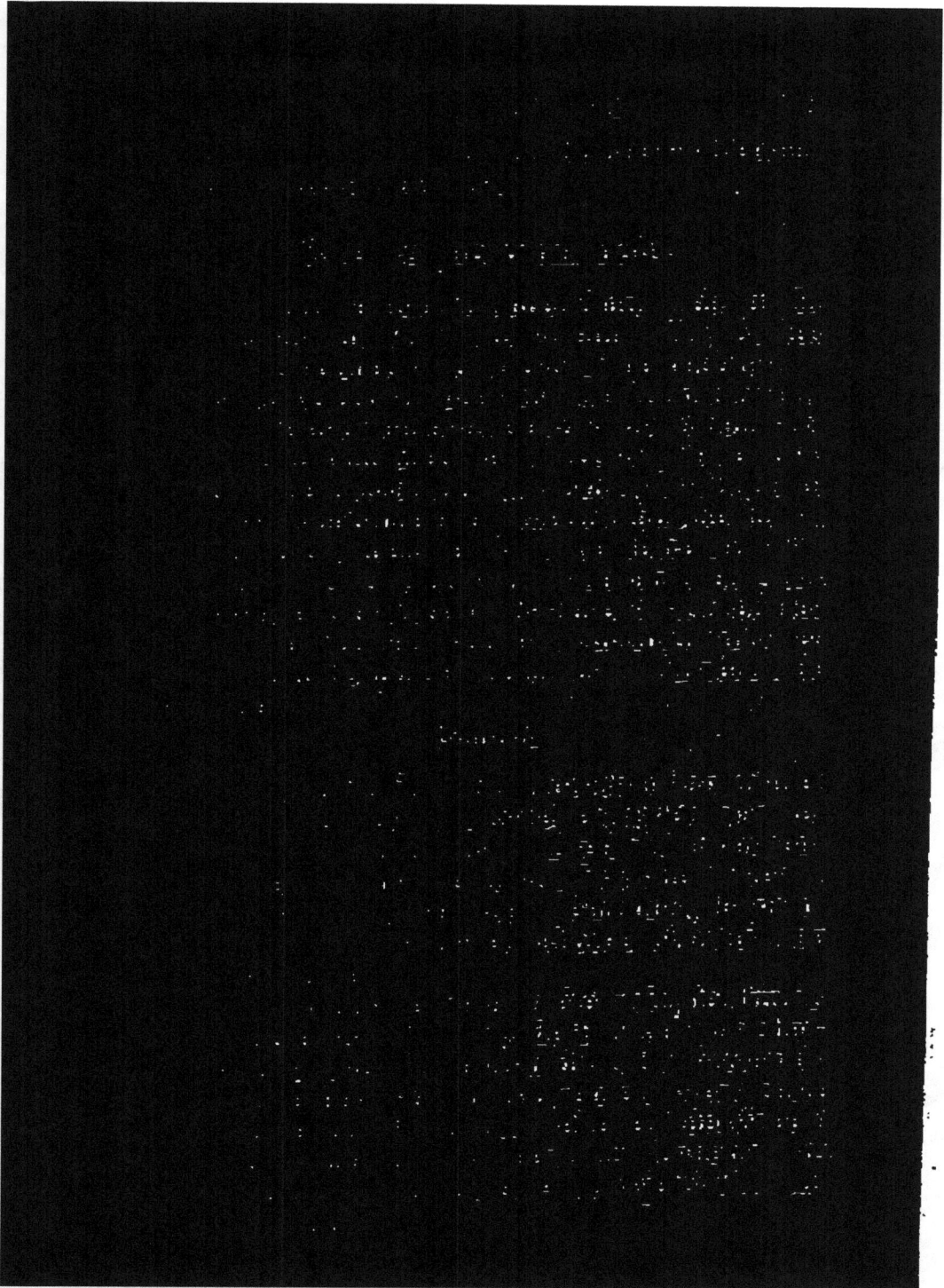

Lorsque la possession d'une portion suffisante de la lisière est assurée, les tirailleurs, suivis de près par les renforts et les soutiens, cherchent à pénétrer dans l'intérieur; ils s'avancent le long des chemins; si le bois est fourré, ils sont réunis par escouades reliées entre elles et couvertes par des éclaireurs et des flanqueurs; ils se dirigent vers les carrefours, les éclaircies et les coupures sur lesquelles l'ennemi essaye d'opposer une nouvelle résistance. Dans cette marche, les fractions du soutien sont rapprochées de la chaîne de tirailleurs; l'attaque doit être menée vigoureusement et avec entrain, car c'est surtout dans les combats de bois qu'il est nécessaire d'enlever le soldat et de le pousser en avant. Les officiers et les sous-officiers profitent de toutes les circonstances favorables pour rétablir la liaison entre leurs hommes, ainsi que leurs communications avec les subdivisions voisines, et pour se renseigner sur la marche du combat.

Une fraction du soutien est employée à menacer la retraite de l'adversaire; si elle peut le faire sans danger, elle cherche à arriver avant lui au débouché du bois, de manière à l'inquiéter par son feu dès qu'il s'exposera en terrain découvert.

Poursuite.

359. L'assaillant n'est réellement maître du bois que lorsqu'il est arrivé à la lisière opposée à celle par laquelle il a pénétré. Dès que les tirailleurs ont gagné cette lisière, ils l'occupent solidement, et poursuivent l'ennemi de leurs feux, de manière à l'empêcher de s'établir à portée. Aussitôt que l'adversaire s'est suffisamment éloigné, le capitaine s'occupe de rétablir l'ordre dans sa compagnie et d'assurer par tous les moyens la possession de la position qu'il vient de conquérir.

Retraite.

360. Si l'attaque échoue, on se conforme, pour se retirer, aux prescriptions du n° 356.

ARTICLE IV.

Défense et attaque de lieux habités.

1° Défense de lieux habité.

Reconnaissance et occupation.

361. Les lieux habités (fermes, hameaux, châteaux, villages) sont occupés et défendus d'après les principes indiqués pour la défense d'une position en général; l'opération est toujours précédée d'une reconnaissance qui porte sur la forme et la nature de l'enceinte extérieure, sur les murs et les toitures des maisons, sur les abords de la localité, et ses communications extérieures et intérieures.

D'après cette reconnaissance, le capitaine indique à chaque fraction de la compagnie l'emplacement qu'elle doit occuper et la conduite qu'elle doit tenir. Il s'attache avant tout à profiter de toutes les parties de l'enceinte qui par leurs dispositions permettent de se procurer des flanquements et de concentrer des feux

sur les points d'attaque probables. Dans la
défense d'un village, surtout au moment où
l'on est battu par le feu de l'artillerie, il faut
éviter de placer trop de monde dans les maisons et derrière les murs ; le soutien doit être
aussi fort que possible.

362. La première ligne de défense est formée de la ceinture extérieure ; elle est constituée généralement par des murs de clôture,
des haies, des palissades, des fossés, etc., qui
sont occupés et mis en état de défense. Afin de
se ménager des communications latérales, chaque subdivision doit, dans la zone de défense
qui lui est confiée, percer les haies, murs et
palissades qui rayonnent du centre vers la
circonférence ; elle doit, de plus, s'ouvrir des
passages en arrière. Comme pour la défense
d'une position ordinaire, il faut avoir soin de
repérer sur le terrain en avant les distances de
tir, et de détruire les obstacles qui géneraient
le feu et offriraient des abris à l'assaillant.

La deuxième ligne de défense est constituée
par les murs des maisons extérieures ; elle est
complétée par des barricades ou des tranchées
établies sur les routes.

Dans l'occupation d'une maison, les défenseurs en petit nombre sont placés sur les
points qui leur permettent le mieux d'utiliser
leur feu ; les officiers se servent des ressources
locales pour mettre les maisons en état de
défense et les relier les unes aux autres.

Les renforts, abrités autant que possible,
sont disposés à proximité de la chaîne, de préférence aux carrefours, de manière à pouvoir
se porter facilement dans les diverses direc-

tions. Le soutien est placé, soit sur un point central, lorsque la défense à l'intérieur doit être soutenue jusqu'à la dernière extrémité, soit partie à l'intérieur et partie en arrière de la localité, lorsqu'on veut s'assurer une ligne de retraite.

Combat.

363. Dans la défense, les tirailleurs cherchent par leur feu à arrêter l'ennemi; le renfort envoie des escouades sur les points les plus vivement attaqués. Si l'assaillant parvient à forcer la lisière en un point, les fractions du renfort disponibles s'y portent et cherchent à le repousser par leur feu ou par une charge à la baïonnette. Au besoin, une portion du soutien seconde le renfort, pendant que la fraction placée en dehors de la localité cherche à prendre l'ennemi en flanc et combine sa contre-attaque avec les efforts des premières lignes de la défense.

Quand l'ennemi s'est emparé de la ceinture extérieure, la défense se continue sur la deuxième ligne; si celle-ci vient à être forcée, on profite des coupures parallèles (routes, rues transversales, cours d'eau, etc.) pour se reformer et résister de nouveau.

Retraite.

364. En cas de retraite, une fraction du soutien est postée à l'une des coupures ou sur la dernière ligne de défense; elle tient assez longtemps pour donner aux défenseurs le temps de se replier; le capitaine envoie l'autre partie de son soutien se poster en dehors de la localité dans une position favorable, afin de se ménager pour la retraite un nouveau point d'appui et d'arrêter la poursuite de l'ennemi; il rallie le reste de sa compagnie sur ce point et s'éloigne immédiatement hors de la portée efficace du fusil.

Dans la défense des lieux habités, les subdivisions placées dans les maisons, qui résisteraient encore au moment où la compagnie évacue le village, seraient exposées à éprouver de grandes pertes et même à être faites prisonnières; le capitaine doit donc s'efforcer de faire parvenir à temps ses ordres aux diverses fractions de la compagnie, et de les dégager avant qu'elles soient complètement cernées.

Les dispositions de la défense varient nécessairement avec le but que l'on se propose, et selon que la localité doit être défendue pendant un temps plus ou moins long.

Si la défense ne doit être que momentanée, on se contente souvent de garnir la lisière extérieure, pendant que les renforts et les soutiens sont placés en arrière et sur les flancs pour parer aux mouvements tournants.

Si la défense doit se prolonger, elle se fait pied à pied; elle est organisée avec tous les moyens que le temps permet d'employer: on se ménage des lignes de résistance successives, et, pour une défense à outrance, on utilise s'il en existe, un bâtiment qui puisse servir de réduit; on charge une fraction du soutien de la défense spéciale de ce réduit.

365. A l'instruction, il n'est pas toujours possible d'exercer complètement la troupe aux défenses de localités; on pourra cependant souvent simuler une opération de ce genre, en plaçant les hommes en dehors des haies ou des murs vis-à-vis des endroits que, dans la réalité, ils occuperaient à l'intérieur.

Dans tous les cas le capitaine pourra conduire sa compagnie sur le terrain et lui faire reconnaître la localité à l'extérieur et à l'intérieur; il s'attachera à faire ressortir les points suivants :

1º Les dispositions d'ensemble et la manière de répartir la troupe ;

2º Les lignes de résistance à établir pour l'occupation de la localité ;

3º Les mesures de détail nécessaires pour la défense des maisons.

Il insiste sur la manière de défendre un saillant et sur la direction à donner au tir pour battre un secteur sans feux, soit au moyen du flanquement, soit à l'aide de dispositions particulières (banquettes, créneaux, pan coupé établi au sommet de l'angle, etc.).

2º Attaque de lieux habités.

Reconnaissance.

266. L'attaque d'une localité est précédée d'une reconnaissance aussi complète que possible, qui porte sur les abords, les points dominants, les couverts du terrain, la nature des clôtures, les points faibles de l'enceinte. On s'attache particulièrement à distinguer les saillants, les communications qui aboutissent à la localité, celles qui la traversent et celles qui permettent de la tourner. Cette reconnaissance est complétée par les renseignements que peuvent fournir les éclaireurs; ceux-ci cherchent à se rendre compte des travaux que l'ennemi a pu faire et des dispositions qu'il a prises.

367. On occupe d'abord les points dominants qui permettent de diriger sur l'enceinte
un feu efficace, de prendre des vues dans l'intérieur et qui offrent à l'attaque des points
d'appui solides.

L'assaillant dissimule ses mouvements à la
vue de l'adversaire; il le laisse le plus longtemps possible dans l'incertitude des points
d'attaque qu'il a choisis, et il fait souvent une
fausse attaque, de manière à diviser les forces
de la défense.

La chaîne des tirailleurs profite de tous les
couverts du terrain pour s'approcher peu à
peu de la lisière extérieure; elle concentre son
feu sur les points désignés. Lorsqu'elle est à
bonne portée de l'enceinte, une partie du renfort vient augmenter l'intensité de son feu.
Dès que les défenseurs semblent faiblir, la
chaîne, suivie du reste des renforts, se porte
résolûment en avant; si un point est mal
gardé, elle l'attaque vivement; elle pratique
des ouvertures dans les haies et clôtures,
tourne les maisons et les barricades, et che-
mine en détruisant les obstacles, de manière
à percer la ligne ennemie et à pénétrer dans
l'intérieur de la localité.

Préparation et exécution de l'attaque.

368. Lorsqu'on s'est emparé d'un point de
l'enceinte, il faut s'en assurer la possession en
s'établissant dans les bâtiments voisins; une
partie des tirailleurs y pénètre et s'y installe
solidement, de manière à résister à un retour
offensif.

Pendant que le centre de la ligne agit direc-
tement, une des ailes cherche à s'étendre et à
déborder la ligne de défense de l'ennemi.

Quelques coups de fusil tirés subitement en arrière des défenseurs de l'enceinte peuvent produire sur eux un grand effet moral et déterminer leur retraite.

Poursuite.

369. Quand on a pu pénétrer dans la localité, on se porte rapidement contre les soutiens et l'on empêche ainsi le défenseur de s'arrêter sur la ligne de résistance qu'il a pu préparer en arrière. Il est indispensable de laisser un détachement à l'endroit par lequel on a pénétré, de manière à assurer sa propre ligne de retraite.

370. A l'instruction, le capitaine doit choisir les localités qui se prêtent avantageusement à l'enseignement. Quand il ne peut exécuter ou simuler ces opérations, il s'attache à faire discerner de loin par ses officiers et ses sous-officiers les points dominants ou favorables qu'il serait nécessaire d'occuper avant d'attaquer la localité, les facilités que présente le terrain pour s'approcher à couvert, les points faibles de la lisière, ceux sur lesquels devraient être dirigées les attaques réelles, ceux sur lesquels on devrait seulement faire des démonstrations ou des attaques simulées, enfin les directions qui menacent efficacement la retraite du défenseur. Cette reconnaissance, exécutée à distance, est vérifiée par un examen sur place qui sert à contrôler et à rectifier les premières appréciations. Le capitaine fait prendre à la compagnie les dispositions préparatoires; il lui explique comment l'attaque devrait être exécutée en réalité. Il s'attache en outre aux détails de l'opération; il indique, par exemple,

que, pour attaquer un saillant, on place de
tirailleurs dans le prolongement des faces, d
manière à les enfiler ou à les prendre à revers
que l'on doit se diriger sur le saillant en ma
chant dans le secteur sans feu ; que, si les clô
tures sont formées de haies, on les perce asse
facilement, mais qu'on est battu par les feux d
la deuxième enceinte ; que les murs sont plu
difficiles à forcer, mais qu'ils abritent dava
tage quand on a pu arriver jusqu'à leur pied

A la guerre, l'attaque et la défense d'un vi
lage présentent des difficultés particulières ; d
plus, en temps de paix, on trouve rarement de
emplacements favorables pour y préparer l
troupe. Le capitaine profitera de toutes les oc
casions pour habituer sa compagnie à ces opér
tions. Ces exercices d'application devront êtr
dirigés avec la plus grande précaution et ave
méthode, de manière à habituer progressive
ment les diverses subdivisions à exécuter le
différentes phases de ce genre de combat.

ARTICLE V.

Combat contre la cavalerie.

371. L'infanterie, quelle que soit sa forma
tion, n'a rien à craindre de la cavalerie, quan
elle sait faire usage de son feu à propos et
bonne distance, quelle conserve son sang-froi
et reste entièrement dans la main de ses chef

Si la cavalerie ennemie charge en fourrageur
les tirailleurs restent de pied ferme sans se ra
lier ; le fantassin suit de l'œil son adversaire
tont en rechargeant son arme ; il ne l'attend pa
en face, mais cherche à gagner son flanc gau
che, ou son flanc droit si le cavalier est arm
d'une lance.

Contre des cavaliers chargeant en masse, l'infanterie agit d'une façon différente, suivant qu'elle se trouve en terrain couvert ou en terrain découvert.

Si la ligne des tirailleurs est abritée par des obstacles, même peu considérables (tas de pierres, fossés, vignes, broussailles, arbres, il est encore inutile de la rallier; elle se défend simplement par son feu. Si une subdivision est protégée par un petit obstacle, elle se place à 20 ou 30 mètres en arrière, assez loin pour éviter que le cavalier, après avoir franchi l'obstacle, n'arrive d'un seul élan au milieu d'elle.

Lorsque le terrain est découvert et ne présente pas d'abris, les tirailleurs se rallient sur place; les subdivisions en arrière s'échelonnent de manière à faire converger leurs feux sur la charge de cavalerie et à ne pas tirer sur les groupes de tirailleurs déjà ralliés ni sur les subdivisions voisines; elles se forment en ligne si elles sont chargées de front, et en cercle ou en carré, suivant leur force, si la cavalerie menace de plusieurs côtés. Les hommes observent le silence et attendent le commandement pour faire feu; on emploie de préférence le feu de salve à petite distance.

Si la charge se fait par échelons, les chefs de subdivision ont attention à ne plus faire tirer sur une fraction repoussée; ils dirigent le feu sur l'échelon suivant, de manière à le recevoir à bonne portée.

Dès qu'une attaque imminente de la cavalerie n'est plus à craindre, les tirailleurs reprennent leur formation en ordre dispersé.

En général, une troupe d'infanterie qui manœuvre en terrain découvert doit se prémunir

contre une attaque inopinée de la cavalerie,
les chefs de subdivision cherchent donc toujours à distinguer l'endroit le plus avantageux
pour rallier leur troupe, en cas de besoin ; cet
endroit doit être peu accessible aux chevaux,
et surtout favorable à l'emploi du feu. Il vaut
mieux, quand on le peut, gagner un abri du
terrain que se rallier sur place, pourvu que
cet abri ne soit pas trop éloigné.

L'infanterie en marche, si elle est attaquée
par de la cavalerie sur une route, se forme
habituellement en dehors du chemin ; si elle
n'en a pas la possibilité, elle se range contre
un des côtés de la route, et reçoit ainsi la cavalerie qui défile sous son feu.

372. A l'instruction, le capitaine peut employer une sonnerie pour indiquer l'approche
de la cavalerie ; chacun des chefs suivant la
disposition de sa troupe et les formes du terrain qu'il a eu le soin d'étudier à ce point de
vue, se prépare à recevoir et à repousser l'attaque de la cavalerie et à faire la meilleure défense.

ARTICLE VI.

Défense et attaque de l'artillerie.

1° Défense.

373. L'artillerie n'a besoin d'un soutien spécial que lorsqu'elle se trouve momentanément
éloignée des autres armes. Quand l'artillerie
est en arrière de la ligne des tirailleurs, elle
est protégée naturellement par ceux-ci et par
les troupes en ordre serré qui se trouvent à sa
portée. Un commandant de troupe doit, dans

toutes les circonstances, donner aide et protection aux batteries placées dans son voisinage.

Si l'artillerie se sépare des autres armes pour aller prendre position, on attache aux batteries un soutien spécial, dont la force peut s'élever à une ou plusieurs compagnies.

Quand l'artillerie se met en batterie, le soutien se place en dehors de la ligne de tir, non-seulement de la batterie, mais encore des batteries qui lui sont opposées, si c'est possible; il choisit un emplacement en avant et assez loin pour empêcher les tirailleurs ennemis de tirer efficacement sur les servants; il veille à la sûreté de ses flancs.

Si la batterie est attaquée, le commandant du soutien fait tout son possible pour empêcher l'ennemi de se rapprocher des pièces à bonne portée de fusil, c'est-à-dire à 1,000 mètres; car à cette distance, le feu de l'infanterie est déjà très efficace contre l'artillerie; il oppose une partie de son monde aux tirailleurs ennemis qui dirigent leur feu sur la batterie; il manœuvre de façon à rejeter l'assaillant sous le feu de l'artillerie amie, tout en évitant de gêner le tir de ses pièces; il ne se laisse pas entraîner loin de la batterie qu'il est chargé de protéger.

Si l'ennemi a le dessus, il s'efforce de le contenir assez longtemps pour permettre à l'artillerie d'amener les avant-trains et de se retirer; enfin, si cette retraite ne peut s'opérer, il jette sa compagnie au milieu des pièces et les défend énergiquement, de manière à donner aux troupes en arrière le temps de venir les dégager.

En tous cas, il ne les abandonne qu'à la dernière extrémité.

374. A l'instruction le capitaine fait exécu

ter des simulacres d'attaque et de défense de l'artillerie; à cet effet, il suppose qu'un point du terrain est occupé par un certain nombre de pièces. Il désigne une partie de la compagnie pour servir d'escorte à cette artillerie, et la fait attaquer par l'autre portion.

2ᵉ Attaque.

375. L'infanterie obligée de rester sous le feu de l'artillerie cherche, autant qu'elle le peut, à en éviter les effets par des formations convenables et un emploi judicieux des accidents du sol; elle se fractionne, ne prend pas des formations trop compactes, se met à l'abri derrière un pli du terrain, ou se couche. Elle se place autant que possible en arrière de terres labourées, de terrains sans consistance, dans lesquels les obus s'enfoncent et éclatent difficilement; elle peut changer de position; lorsqu'elle voit les projectiles tomber à peu de distance de son front elle se porte en avant, de manière à dépasser leur point de chute; elle exécute ces mouvements dans le sens de la profondeur plutôt que dans le sens latéral.

Aux distances qui permettent d'employer le tir du fusil à longue portée, l'infanterie fait ouvrir le feu par de bons tireurs; ceux-ci se postent et dirigent sur les pièces un feu bien ajusté; ils gênent ainsi le tir de l'artillerie et peuvent la forcer à changer de position.

Pour attaquer une batterie, une partie de la troupe est disposée en tirailleurs; ceux-ci concentrent de préférence leur feu sur les pièces, et évitent, s'ils le peuvent, de répondre à celui du soutien; lorsqu'ils y sont obligés, une partie d'entre eux est opposée au soutien, pendant que l'autre continue à tirer sur les pièces.

La chaîne s'approche autant que possible à couvert, puis par bonds, tout en continuant le feu; elle évite de se placer dans la direction du tir de l'artillerie; le renfort est fractionné; une partie de ce renfort peut être employée à appuyer les tirailleurs qui sont opposés au soutien ennemi; l'autre partie suit la portion de la chaîne qui marche contre la batterie. Lorsque les tirailleurs sont arrivés à la distance de 700 ou 800 mètres, ce qui reste des renforts, si l'artillerie n'a pas déjà été désemparée par le feu des tirailleurs, se porte sur la ligne qui dirige contre les servants un feu d'autant plus efficace qu'il est plus concentré. A cette distance, l'avantage est tout entier du côté de l'infanterie. Le soutien appuie vigoureusement la partie de la chaîne qui combat l'escorte de l'artillerie, et manœuvre de manière à séparer cette escorte de la batterie qu'elle est chargée de couvrir, pendant que le reste de la troupe continue à tirer sur les pièces et s'en rapproche constamment.

Une fois qu'on est arrivé à bonne portée, on se jette sur la batterie à la baïonnette et l'on cherche à s'emparer des pièces.

Si l'artillerie semble se préparer à un mouvement de retraite et amène les avant-trains, le feu est dirigé de préférence sur les chevaux et les conducteurs. Quand elle se retire, on la poursuit surtout en visant les attelages.

Si l'ennemi est obligé d'abandonner quelques canons, le capitaine, avec la majeure partie de sa compagnie, s'oppose aux efforts qui seraient tentés pour les reprendre; il fait emmener les pièces, s'il le peut; dans le cas contraire, il les fait mettre hors de service en enlevant les hausses, la culasse mobile, les armements, etc., ou en les enclouant.

ARTICLE VII.

Disposition de combat d'une compagnie formant l'avant-garde d'un bataillon.

376. Un bataillon en marche détache habituellement une compagnie comme avant-garde. Cette compagnie est précédée d'une pointe et d'éclaireurs qui observent le terrain en avant et sur ses flancs, et la préviennent de l'approche de l'ennemi. Si celui-ci ne montre que des patrouilles et ne fait que des tentatives peu sérieuses, la pointe d'avant-garde, renforcée au besoin par une portion de la compagnie, les repousse et fait en sorte que la marche de la colonne ne soit pas ralentie. Dès que l'ennemi montre des forces plus considérables, et que la compagnie d'avant-garde ne peut plus continuer sa marche, elle prend position, de manière à arrêter l'adversaire et à le forcer à se déployer.

Dans ce cas, la compagnie sera souvent obligée d'occuper toute l'étendue d'une position (lisière de bois, sortie de défilé, etc.) et d'agir sur tout le front d'action du bataillon. Deux sections et même quelquefois davantage devront être jetées dans la chaîne simultanément ou successivement. Les subdivisions à rangs serrés que l'on aura pu garder sous la main serviront de premiers renforts en attendant l'arrivée du bataillon.

Dès que celui-ci entre en ligne, il fait soutenir la compagnie d'avant-garde par une compagnie du bataillon; celle-ci fournit à la première les renforts et les soutiens dont elle a besoin, et complète ainsi la formation de la ligne de combat. Si la compagnie d'avant-garde n'est que légèrement engagée, et si les circonstances et le terrain permettent de le faire sans danger, on peut la remplacer par deux compagnies accolées; le bataillon se trouve alors dans sa formation normale de combat. Enfin il peut arriver que le bataillon soit amené à prendre sa position de combat sur un emplacement en arrière de la compagnie d'avant-garde; dans ce cas, dès qu'il a pris ses dispositions, la compagnie se replie en démasquant le front d'action du bataillon.

377. Ces exercices habitueront les officiers à diriger et à manier de longues lignes de tirailleurs, et prépareront les compagnies à des formations particulières qui peuvent se présenter quelquefois dans le combat d'un bataillon.

Progression à suivre dans la méthode d'enseignement de l'école de compagnie.

L'école de compagnie sera enseignée suivant une progression réglée par le chef de corps, d'après les bases ci-après, qui seront rigoureusement observées :

Les sections seront d'abord exercées séparément et parcourront tout le premier chapitre de la Ire partie.

La compagnie exécutera ensuite sur la place d'exercices les articles I et II du deuxième chapitre de la Ire partie, puis simultanément les articles III et IV de ce même chapitre sur la place d'exercices, et tous les articles du chapitre Ier de la IIe partie en terrain varié.

On fera alterner cette instruction avec les exercices de tir.

Enfin on la complétera en pratiquant les exercices d'application du deuxième chapitre de la IIe partie, et en les combinant avec ceux du service en campagne.

Imp. BOURGEON, rue Mercière, 92, Lyon.

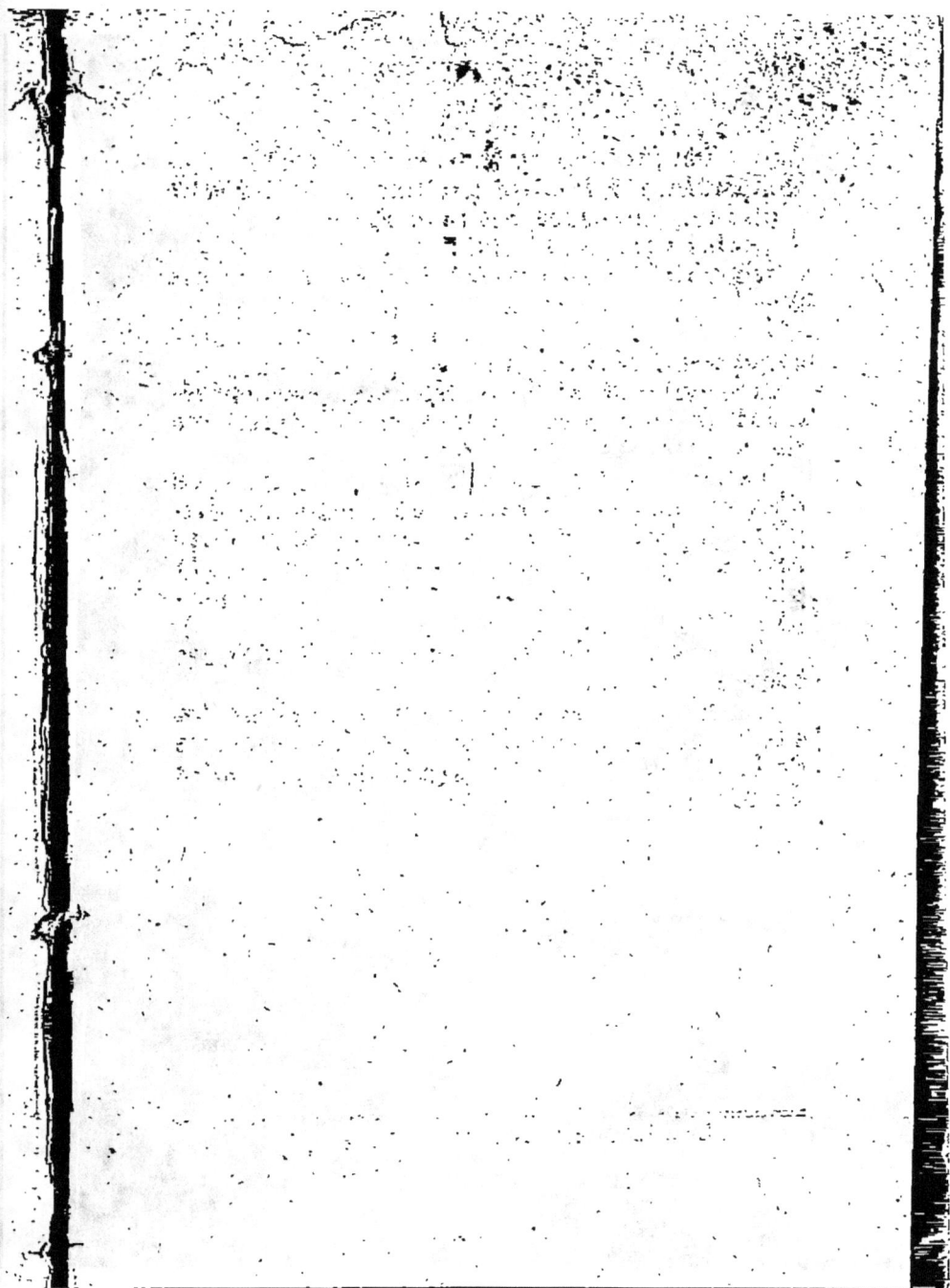

LIBRAIRIE — PAPETERIE

BONNAIRE

GUIDE DU FOURRIER
OU FORMULAIRE

Comprenant tous les modèles réglementaires à l'usage des
compagnies, escadrons ou batteries de tous les corps de
l'armée, par M. BEAUGE, chef de bataillon au 5e de ligne.

Grand choix de livres militaires, ouvrages utiles pour
cours d'administration, traités de fortifications et
de topographie, sciences, déclinaison et
scolaires,
Règlements, Théories d'Artillerie et Cavalerie

LIVRETS D'HOMMES DE TROUPE

ÉCOLE DU SOLDAT (Règlement du 12 juin 1875), en un
vol. 8e cartonné.
SERVICE INTÉRIEUR, in-18, cartonné.
SERVICE DES PLACES, in-18, cartonné.
SERVICE EN CAMPAGNE, in-18, cartonné.

LIVRETS POUR OFFICIERS & SOUS-OFFICIERS

COMPTABILITÉ MILITAIRE, comprenant tous les
renseignements nécessaires pour les comptables
d'habillement et d'équipement de troupe
et pour Bureaux volontaires.

www.ingramcontent.com/pod-product-compliance
Lightning Source LLC
Chambersburg PA
CBHW071228290326
41931CB00037B/2344